LA SICILE

Série petit in - 4°.

TAORMINA. — RUINES DU THÉATRE

M. V. POSTEL

LA SICILE

SOUVENIRS

RÉCITS ET LÉGENDES

Orné de 16 gravures

J. LEFORT, ÉDITEUR

LILLE | PARIS
RUE CHARLES DE MUYSSART, 24 | RUE DES SAINTS-PÈRES, 30

INTRODUCTION

« Des hauteurs de l'Etna, ô campagnes de la Sicile, votre souvenir fait mon espoir. Si les larmes n'étaient pas si amères, je croirais que mes pleurs font les fleuves de cette île fortunée. Celui-là seul qui viendrait du paradis pourrait raconter les merveilles de la Sicile. »

Ainsi chantait le poëte arabe, lorsque la conquête de Roger le Normand, au xie siècle, eut délivré la Sicile du joug mahométan. Exagérait-il, dans sa douleur, la beauté du séjour qu'un inexorable destin le forçait d'abandonner? donnait-il, par ses chants d'adieu, une trop large place à l'hyperbole?

Le poëte chantait bien, et nul de ceux qui ont abordé

à ces rivages privilégiés ne s'inscrira contre le cri de son âme. La plus belle, la plus illustre, la plus riche, la plus peuplée des îles de la Méditerranée méritait tous ces regrets, et en présence de ce que Dieu a fait pour elle, la poésie n'a plus de fictions qui ne cèdent à la réalité.

Nous allons donc, le bâton du pèlerin à la main, l'histoire et la légende sur les lèvres, parcourir les villes, les champs et les montagnes de l'antique Trinacrie.

Peu de voyages au monde, lecteur, seront pour vous plus intéressants, plus féconds en leçons utiles. Plus intéressants : car il s'agit à la fois de l'antiquité, des temps modernes et de nos années présentes, sur un sol trop peu exploré, où le génie humain a cependant, en plus d'un siècle, fait éclater ses grandeurs et étinceler ses lumières. Plus féconds en hauts enseignements : vous y verrez, sur un théâtre resserré, où tout invite, au nom du Créateur, à la paix, à la jouissance et à la vertu, les passions qui désolent le monde depuis six mille ans se froisser, se heurter, se combattre, pour le malheur d'un peuple généreux.

Et dans votre émotion vous vous écrierez peut-être avec celui qui s'adresse à vous ici : — Que la terre est donc peu de chose, ô mon Dieu, puisque sous de telles fleurs se cachent tant d'angoisses! puisque sous un tel ciel éclate si souvent l'orage! puisque le souffle empoisonné du mal vient ternir ainsi, sous le regard de votre providence, le joyau de la création et le diamant d'un hémisphère!

LA SICILE

PREMIÈRE PARTIE

L'HISTOIRE

I

Les premiers temps.

Lorsque le vaisseau qui vous emporte sur cette belle Méditerranée, étendue comme un lac immense sous les feux du soleil,
s'éloigne des côtes poétiques de Naples, et que le dernier oranger
de Pausilippe a fui dans le vague sur l'horizon d'azur, vous suivez
encore pendant soixante lieues les rivages de l'Italie ; dominés à
votre gauche par la longue crête des Apennins, puis tout à coup

la ligne se brise, le bruit des flots qui murmurent comme ceux d'une cascade se fait entendre à vos oreilles ; au fond du panorama gigantesque qui se déroule à vos yeux, se dresse le sommet fumant de l'Etna ; à droite les petites îles Lipari avec leur volcan de Stromboli ; à gauche les écueils autrefois redoutés de Charybde et de Scylla ; et puis, entre les deux, dans la direction du sud-ouest, la Sicile riante et parfumée sur ses rives, hérissée de montagnes au second plan, étalant avec orgueil à mi-côte ses cités populeuses et composées de palais aux larges contours, du milieu desquels s'élancent vers le ciel une infinité de clochers, de tours, d'aiguilles et de toits dorés, à l'aspect tout oriental : ensemble magique en vérité, soit que l'œil se repose sur l'éternelle sérénité du firmament, soit qu'il interroge l'île enchantée qu'il est venu contempler de si loin, soit qu'emporté par le torrent du détroit il suive sur les flots légèrement émus le sillage écumeux et blanchâtre qu'y trace son navire.

Située au centre de la mer Intérieure, ayant en regard, pour ainsi dire, l'Afrique, l'Asie-Mineure, la Grèce et l'Italie, les Gaules et l'Espagne, la Sicile ne pouvait rester abandonnée des hommes. Là devaient accourir, au contraire, et l'ami de la belle nature et le guerrier, et le commerçant et le laboureur. Quel pays, dans notre hémisphère, offrait autant d'avantages naturels, de richesses et de jouissances ? Aussi, dès les premiers mots que balbutie l'histoire, vous l'entendez prononcer le nom de la Sicile ou Trinacrie. Elle vous y montre, au plus reculé de ses souvenirs, à travers d'incertaines légendes dont il reste des monuments très-rares, les Cyclopes et les Lestrigons pour premiers habitants. Une île si magnifique ne pouvait, à ses yeux, être habitée par des hommes ordinaires. Homère vous les peindra comme des géants et des anthropophages. « Lorsqu'Ulysse, raconte-t-il, aborda sur leur côte, il envoya deux de ses compagnons vers le roi du pays. Ceux-ci trouvèrent à l'entrée de sa demeure la reine son épouse, dont l'aspect leur fit horreur : elle était haute comme une montagne ! Elle appela à grands cris Antiphate, son mari, qui accourut, saisit un de ces malheureux et le dévora ; l'autre se mit à fuir ; mais le

roi appela ses monstrueux sujets, qui, se rassemblant à sa voix,
coururent au port et coulèrent à fond plusieurs des vaisseaux
d'Ulysse, dont ils massacrèrent ou enlevèrent les matelots. » Une
colonie de Lestrigons passa depuis en Italie, où elle fonda Formies,
dont le territoire était autrefois appelé Lestrigonie. Selon d'autres,
ces géants habitèrent les côtes de la Campanie, qu'ils n'eurent pas
de peine à subjuguer.

Et quant aux Cyclopes, c'étaient aussi des géants formidables,
enfants du Ciel et de la Terre, et n'ayant qu'un œil rond au milieu
du front. Ils étaient les forgerons de Vulcain et travaillaient avec lui
dans les gouffres de l'Etna. Le bouclier de Pluton, le trident de
Neptune et les foudres de Jupiter étaient leur ouvrage. On leur
attribue aussi la construction des plus fortes citadelles de l'antiquité. Corinthe leur éleva un temple et leur offrait des sacrifices.
Ecoutons encore le chantre de la guerre de Troie. « Ils avaient pour
roi, dit Homère, un fils de Neptune et de la nymphe Thoosa, du
nom de Polyphème. Eloigné des autres Cyclopes, il habitait dans
un antre au milieu des bois, et il passait sa vie parmi de grands
troupeaux de chèvres et de brebis, du lait desquelles il se nourrissait. Un jour, en revenant dans sa grotte, il y trouva Ulysse,
que la tempête avait jeté sur la côte et qui y était entré avec douze
de ses compagnons ; il les y enferma, et aussitôt il en saisit deux,
les brisa contre le rocher et les mangea. Le lendemain matin il en
dévora deux autres, et deux autres encore périrent le soir. Ulysse
alors lui proposa de boire de l'excellent vin dont le prêtre Maron
d'Ismarus lui avait donné une outre. Polyphème le trouva délicieux,
et demanda à Ulysse comment il s'appelait, afin de lui faire un
présent digne d'un cyclope. Je me nomme Οὐδείς (c'est-à-dire
personne), dit Ulysse. Polyphème lui promit alors de le manger
le dernier. Cependant il vida l'outre et s'endormit. Alors Ulysse,
aidé de ses compagnons, lui creva l'œil avec une grosse pièce de
bois aiguisée par le bout et durcie au feu. Polyphème, réveillé
par la douleur, jeta un cri épouvantable qui attira auprès de lui
les autres Cyclopes. Ils lui demandèrent qui lui avait fait mal ; et
comme Polyphème répondait toujours Οὐδείς (personne), ils crurent

qu'il avait perdu le bon sens et l'abandonnèrent. Le lendemain, Polyphème, obligé de faire paître ses troupeaux, ouvre la porte de sa caverne ; mais il étend ses deux bras pour arrêter les Grecs s'ils voulaient sortir avec le troupeau. Ceux-ci s'attachèrent sous le ventre des béliers, qui étaient fort grands et avaient une laine fort épaisse, et sortirent ainsi tous heureusement de leur prison. Instruit dans la suite du véritable nom d'Ulysse, Polyphème pria Neptune, son père, de ne jamais le laisser arriver dans sa maison ou de la lui faire retrouver en désordre. Et Neptune lui accorda cette demande. Mais bientôt Apollon perça les Cyclopes de ses flèches, afin de venger son fils Esculape, tué d'un coup de foudre. Le terrain était désormais ouvert aux simples humains, et du fond de la Grèce ils accoururent fonder de nombreuses colonies. »

Toutefois la fable ne s'arrête pas encore là pour faire place à la certitude historique. Nous trouverons, à une époque postérieure, un autre géant fameux, célèbre chasseur de Béotie, Orion, qui vient, à la prière des Siciliens, creuser et bâtir en quelques mois, à lui seul, le grand et superbe port de Messine. Selon Ovide, Orion mourut de la morsure d'un scorpion que la Terre produisit pour le punir de s'être vanté de n'avoir trouvé aucun animal capable de lui résister, et pour le venger, son père Jupiter le plaça dans les astres, où il forme une brillante constellation.

L'écrivain anglais Swift n'a donc fait que développer et appliquer autrement, dans ses *Voyages de Gulliver*, l'antique fiction dont la Sicile fut l'objet.

Les colonies

Le nom de Trinacrie, donné d'abord à l'île à cause des trois caps qui la terminent, fut changé en celui de Sicanie et de Sicile par les étrangers qui, au xiv° siècle avant J.-C., vinrent s'établir au pied de l'Etna. La tribu ibérienne ou espagnole des Sicaniens y passa la première et occupa l'île tout entière : leur roi Cocalus résidait près de l'endroit où l'on bâtit ensuite Agrigente. C'était la première invasion étrangère ; elle devait être suivie d'une quantité d'autres, presque jusqu'à nos jours. De l'Italie, voici que les Illyriens Sicules passent dans l'île, enlèvent, après de longues guerres, les terres les plus fertiles aux Sicaniens, et les relèguent au sud et à l'occident, depuis le promontoire Pachynum jusqu'à celui de Lilybée. Les Sicules sont dépouillés eux-mêmes et refoulés au centre de la Sicile par les Phéniciens de Tyr, les Troyens, les Grecs et les Carthaginois, qui, du xiii° au vi° siècle avant l'ère chrétienne, envahirent les côtes. Les Phéniciens fondent Palerme, les Troyens Ségeste et Drépane; les Grecs occupent les côtes orientales et méridionales, où l'on voit peu après s'élever des cités célèbres, Syracuse qui compte sept cent mille habitants, Messine-la-Noble, Sélinonte, Mégare, Agrigente où le tyran Phalaris s'occupe à brûler dans un taureau d'airain ses fidèles sujets. Ce fut l'époque brillante de la Sicile : les sciences, les lettres et les arts s'y donnaient de partout rendez-vous et y créaient des merveilles en tout genre. Nous n'avons pas à retracer en détail les annales de chacune de ces grandes villes ; nous y reviendrons successivement, à mesure que nous serons conduits dans ce qui reste d'elles. Pour maintenant, bornons-nous à rappeler en peu de mots que les Carthaginois, nation cruelle et toute marchande, furent chassés de Sicile, d'abord par Pyrrhus, puis par les Romains lors de la première guerre punique, plus de 200 ans avant J.-C. Elle fut une colonie-mère sous les empereurs et devint le grenier de l'Italie ; souvent opprimée, dévastée, dévouée aux supplices, par les préteurs que lui envoyait Rome. Verrès a laissé sous ce rapport une réputation qui rend son nom synonyme de tout ce qui est barbarie, pillage, exaction odieuse. — A l'époque de l'invasion générale des barbares, au v⁰ siècle après J.-C., lorsque des peuples inconnus, sortant de toutes les frontières au delà desquelles les avait parqués la puissance romaine, inondèrent cet immense empire dont ils devaient partager entre eux les dépouilles, Genséric, roi des Vandales, arrivé d'Espagne en Afrique, maître de Carthage, vainqueur de Rome qu'il avait abandonnée quatorze jours à la fureur de ses soldats, passa plus d'une fois en Sicile et sema partout sur ses pas la destruction et l'incendie. Malheureuse île, qui ne pouvait jouir d'un demi-siècle de repos et de nationalité! Genséric a disparu à peine pour aller mourir dans ses possessions d'Afrique, en 477, que les Hérules, puis les Wisigoths, accourent à leur tour et multiplient les ruines. La dépopulation de la Sicile date de cette époque. On vit se réduire peu à peu le nombre des habitants de Syracuse, de Messine, d'Agrigente et de Palerme ; les campagnes cessèrent, faute de bras, d'être cultivées. Les derniers vestiges des anciennes colonies grecques s'effacèrent pour faire place à un mélange de peuples divers et nouveaux, qui, au lieu de se fondre, continuèrent les traditions anciennes de rivalité entre les villes voisines : cause inévitable de faiblesse, source toujours vive de dissensions et de malheurs. « Si une maison est divisée contre elle-même, dit la Sagesse éternelle, elle ne pourra subsister. »

III

Les invasions et les conquêtes

Les Wisigoths étaient donc venus en Sicile à la suite des
Hérules. L'empereur d'Orient, Justinien i, a résolu de reconquérir
les anciennes possessions de Rome et d'en chasser les barbares.
Le plus illustre général de ses armées, Bélisaire, part à la tête
d'un faible corps de 7,500 hommes; mais ce petit nombre de
guerriers était sûr de vaincre, sous un tel capitaine. La Sicile
est conquise rapidement, vers 540; Palerme seule tente de
résister. Bélisaire fait hisser ses chaloupes au sommet des mâts
de ses vaisseaux; elles sont remplies d'archers qui de cette position
élevée dominent la ville et la forcent de se rendre. L'île fut
encore plus malheureuse sous ses nouveaux maîtres, les empereurs
ariens, qui l'abandonnaient à d'avides préteurs ou à de lâches
eunuques, toujours prompts à usurper, dans ces cours corrom-
pues, les honneurs et les richesses.

Les Grecs ne furent pas longtemps en possession de leurs
nouvelles acquisitions. Les Sarrasins d'Afrique, Arabes d'origine,
faisaient, depuis quelque cinquante années, des tentatives sur
la Sicile et sur les places maritimes de l'Italie, en deçà du Phare;
déjà même ils s'étaient rendus maîtres de plusieurs îles de la
Méditerranée, de la Corse, de la Sardaigne, de Majorque, etc.;
de succès en succès ils parvinrent enfin, en 828, à s'emparer
par surprise de toute la Sicile. Il n'y eut que les villes de Syracuse
et de Taormine, érigées en petites républiques pendant les révolutions de l'empire grec, qui résistèrent longtemps et très-cou-

rageusement aux efforts de ces barbares. Cependant elles succombèrent enfin et furent obligées de se soumettre à leur joug, en 878. Les Sarrasins, maitres de toute l'île, en chassèrent les Grecs de Constantinople, y réduisirent les habitants dans le plus rude esclavage et y établirent la religion mahométane. Aujourd'hui encore, sur les hauteurs qui dominent les points importants de la Sicile, on aperçoit, comme le nid d'un aigle, quelque tour à moitié ruinée, quelque muraille croulante en briques rouges; et le berger solitaire qui veille là sur ses troupeaux de chèvres, interrogé par le voyageur sur ces débris qui ne ressemblent à rien de ce qui les entoure, lui répondra, sans hésiter: « les Arabes! »

Notons que pendant la domination des empereurs d'Orient, qui dura près de 350 ans, les arts et les lettres s'étaient réfugiés d'Italie en Sicile. Saint Grégoire le Grand assure que c'était le seul endroit du monde où l'on parlât communément le grec et le latin dans toute leur pureté : et nous ajouterons personnellement à ce récit qu'actuellement, au dix-neuvième siècle, la langue sicilienne est un idiome particulier qui se distingue de l'italien de Florence et de Rome par de bien plus nombreuses et plus sensibles analogies avec la langue de Cicéron. Nous citerons, parmi les hommes remarquables d'alors : Pascal, évêque de Palerme, qui en 503 présida le concile de Rome; l'écrivain Théophile de Sicile, qui fit la description de sa patrie, ouvrage estimé de nos jours; Elphide de Messine, sœur du pape Symmaque, auteur de poésies grecques et latines; Epiphane, diacre de Catane, qui prononça le célèbre discours d'ouverture du second concile de Nicée, tenu en 787 contre les iconoclastes; Pierre de Sicile, historien de l'hérésie des manichéens; six papes donnés au monde chrétien en moins d'un siècle. Narsès, Cassiodore, Théodoric, Rufin et Charlemagne, qui visitèrent la Sicile, du VIᵉ au IXᵉ siècle, furent émerveillés de son opulence. Au reste, c'est surtout de l'invasion arabe que date la prépondérance de Palerme sur les autres villes de l'île, parce que son avantageuse situation la fit choisir par les émirs pour le siége de leur gouvernement.

Mais ce qui avait fait réussir ce peuple entreprenant devait au bout de quelques siècles amener ses revers. Il ne se contenta point des conquêtes accomplies par lui ; franchissant le détroit, il passe de Messine à Reggio de Calabre, ravage la Terre-de-Labour, la Calabre et la Pouille pendant plus de cent années, s'empare de plusieurs places considérables, entre autres de Cosenza, de Tarente, s'y établit, s'y fortifie, et poussant plus avant, se prépare à former le siége de Salerne, à deux journées de Naples. C'est là que l'attendaient les héros inconnus jusque-là sous le ciel du Midi. Une troupe de Normands qui revenaient de la Terre-Sainte débarqua dans cette ville vers l'an 1005. Salerne était alors une principauté particulière, soumise à Guimar III, prince lombard. Guimar fit l'accueil le plus gracieux à ces étrangers, et spécialement à Drogon, leur chef, qu'il semblait que sa bonne fortune lui eût envoyé exprès pour le défendre contre les entreprises des Sarrasins. Ces braves aventuriers, pleins de reconnaissance pour la réception qu'on leur a faite, prennent les armes et fondent si soudainement contre les envahisseurs, ensevelis dans le sommeil et dans le vin, qu'ils en taillent la plus grande partie en pièces et obligent le reste de se sauver promptement et en désordre dans les vaisseaux qui les avaient apportés. Les vainqueurs firent un butin considérable, et s'en retournèrent peu de temps après dans leur patrie, comblés de gloire, de richesses, et chargés de présents de Guimar, qui fit tout ce qu'il put pour les retenir, et qui, n'y réussissant pas, envoya après eux en Normandie des députés afin d'engager tout ce qu'ils pourraient de Normands à venir s'établir à Palerme. Les promesses magnifiques de ces envoyés, les richesses, soit de luxe ou propres au climat de l'Italie et totalement inconnues aux Normands, qu'ils étalèrent devant eux pour les tenter, en déterminèrent plusieurs à s'expatrier pour aller vivre sous un si beau ciel. L'heure des Sarrasins de Sicile avait sonné.

IV

Les Normands en Sicile

La plus remarquable et la plus connue de ces émigrations normandes fut celle d'Osmont Drengot, qui passa en Italie accompagné de ses quatre fils, de son frère Rainulfe et de trois cents Normands, décidés à partager son sort. Ils se fixèrent à Capoue, et bâtirent la ville qui existe encore sous le nom d'Aversa, à quelques lieues de Naples. — Une seconde émigration suivit de près celle-là. Les fils de Tancrède, seigneur de Hauteville, près de Coutances, passèrent aussi dans la péninsule italique ; ils étaient au nombre de trois : Guillaume surnommé *Bras de fer*, Drogon et Humfroi. On ignore s'ils étaient de la famille de ce Drogon qui était revenu de Salerne trente ans auparavant. Quoi qu'il en soit, nos trois guerriers arrivèrent en Italie vers l'an 1035, et une belle occasion se présenta pour leur courage.

Michel le Paphlagonien, empereur d'Orient, avait projeté de recouvrer la Sicile sur les Sarrasins. Instruit de la valeur et des exploits des Normands dans l'Italie méridionale, il ordonne à son général en chef Maniace de les enrôler dans les troupes de l'empire et de les attacher à sa fortune par de grandes promesses. Les fils de Tancrède se rendent auprès de Maniace à la tête de trois cents hommes ; toujours les premiers sur le front de bataille ; intrépides à escalader les murs des forteresses, invulnérables sous leurs pesantes armures, ils appellent la victoire sous les drapeaux de Constantinople. Messine et Syracuse sont reconquises, ainsi que plusieurs autres places importantes. Telle était la valeur de ces

hommes héroïques, que Guillaume Bras de fer, après avoir tué
d'un coup de lance le gouverneur de Syracuse, n'hésita pas à
attaquer avec sa petite troupe une armée considérable de Sarrasins,
que seul il mit en fuite. Mais les vertus des Grecs n'ont jamais
été la franchise et la reconnaissance. Tandis que leurs courageux
alliés sont à la poursuite des Sarrasins qui avaient abandonné leur
camp, les Grecs y entrent et s'emparent de tout le butin qu'ils y
trouvent, sans se mettre en peine de le partager avec ceux à qui
ils étaient redevables de tant d'avantages.

Ceux-ci, de retour dans le camp, furent vivement irrités de cet
excès d'injustice; ils furent encore plus indignés du refus que le
général en chef fit de leur donner satisfaction à cet égard; mais ce
qui acheva d'enflammer leur colère, fut le traitement ignominieux
que le général grec fit subir à un nommé *Hardouin*, Italien ou
Lombard, qui s'était chargé de lui porter leurs plaintes et de lui re-
montrer l'injustice de ce procédé. Ils en auraient tiré une vengeance
signalée, si cet Hardouin, homme profondément dissimulé, ne
les eût engagés à suspendre les effets de leur ressentiment jusqu'à
ce qu'ils fussent de retour en Italie, où ils pourraient alors le
laisser éclater et se venger facilement. Ils suivirent ce conseil, et
partirent dès la nuit même pour repasser en Italie, sans que les
Grecs eussent le moindre soupçon de ce qu'ils méditaient. Leur
projet cependant était aussi facile que hardi. A peine débarqués
dans la Calabre, ils ravagent la partie de cette province qui obéissait à l'empereur grec, portent jusque dans la Pouille les effets
terribles de leurs représailles, défont les Grecs dans plusieurs
batailles rangées; et au bout de quelques années l'histoire nous
les montre maîtres de ces deux grands pays, se le partageant en
frères et y fondant des principautés qui devaient effacer jusqu'aux
derniers vestiges de la domination de Constantinople sur ces côtes.
Guillaume Bras de fer devint premier comte de la Pouille, titre
qui passa ensuite à son frère Drogon; les autres chefs, sans en
excepter Hardouin, prirent des titres et des gouvernements pareils,
quoique moins considérables. La ville de Melfi demeura en commun
et fut destinée à servir de lieu d'assemblée ou de diète générale

pour les délibérations qu'il y aurait à prendre concernant les affaires de la nation.

Mais, sur la terre de France, en Normandie, Tancrède avait encore eu sept fils d'un second mariage. Aussitôt qu'ils furent en âge de porter les armes, excités par les exploits et les glorieux succès de leurs aînés, ils furent tellement embrasés du désir de partager leur gloire, que leur père eut beaucoup de peine à engager deux de ses enfants à rester auprès de lui dans leur patrie pour y soutenir son nom et sa famille. Cinq de ses généreux fils passèrent les mers, avec plusieurs autres gentilshommes de leur nation, et allèrent joindre leurs frères, pour participer à leurs travaux et à leur fortune. Robert surnommé *Guiscard*, l'aîné, et Roger, le plus jeune de ces cinq nouveaux émigrants, se signalèrent par leur courage et leurs grandes qualités ; ils se rendirent même plus fameux que leurs frères et que tous ceux qui les avaient devancés ; ils étendirent leurs conquêtes ; aussi sont-ils regardés, principalement le comte Roger, comme les véritables fondateurs de la monarchie normande en Italie.

Ces détails étaient nécessaires pour élucider un point d'histoire assez confus dans les livres qui traitent de l'Italie, et aussi pour bien faire comprendre l'enchaînement des faits qui vont suivre.

Robert Guiscard acheva de chasser les Grecs de la Pouille et de presque toute la Calabre ; ce fut aussi par lui que sa famille s'éleva au plus haut degré d'illustration. Secondé par le comte Roger, son jeune frère, il s'avança jusqu'à Reggio, sur le détroit, et s'y fit solennellement couronner duc de Pouille et de Calabre, en 1054. Mais il ne s'en tint pas à ces premiers succès. Avide d'étendre son domaine, il tourna ses vues sur la Sicile, d'où il forma le projet d'expulser les Sarrasins, qui y avaient repris de la force, et les Grecs, qui la gouvernaient au nom de l'empire d'Orient. Il commença par s'assurer le concours moral de la plus grande puissance qui fût alors au monde, celle du Souverain-Pontife ; il se déclara lui-même vassal du Saint-Siége pour toutes ses possessions présentes et futures, et reçut d'avance l'investiture de la Sicile des mains du pape Nicolas ii, venu exprès à Melfi. Fort de ce titre, il

DÉTROIT DE MESSINE

passa dans l'île, avec son frère Roger, suivi de troupes nombreuses
et d'une flotte considérable; et après dix ans de lutte il était maître
à peu près de toute la Sicile ; ceux des Sarrasins qui ne repassèrent
point en Afrique furent admis parmi les sujets des conquérants et
reçurent la permission d'exercer librement leur religion.

Les deux frères se partagèrent leurs conquêtes : Robert eut pour
sa part Palerme, la moitié de la ville de Messine et de la vallée
de Démona; il se réserva aussi la souveraineté du reste de l'île,
dont il céda la propriété à Roger avec le titre de comte de Sicile.
Ce fut ce Roger, le plus jeune des fils de Tancrède de Hauteville,
qui fut le père des rois normands, dont la monarchie commença
dans la personne de Roger ii, son fils, neveu de Robert Guiscard.
Pour Robert, il continua d'habiter la terre ferme, où il mourut
après de nouveaux exploits qui ont fait de lui un des plus grands
capitaines des temps modernes. Peu scrupuleux sur les moyens,
il n'envisageait guère que le but; ses usurpations continuelles sur
les terres de ses voisins, sur celles même de l'Eglise, lui atti-
rèrent une sentence d'excommunication, dont il fut relevé à la
vérité. Ce prince, dans son ambition, avait eu le projet de s'établir lui-même sur le trône de Constantinople, où d'ailleurs il fit
monter une de ses filles. Ses enfants ne laissèrent que des filles,
et ainsi s'éteignit en quelques années la race masculine des Tancrède d'Italie, à la réserve toutefois de la race du comte Roger.

Celui-ci, resté en Sicile et satisfait du titre de comte, y vécut
avec beaucoup de gloire, et sous son administration le pays put
respirer un instant pour se préparer aux calamités nouvelles qui
l'attendaient. Roger était si considéré, si généralement estimé
parmi les rois de l'Europe, qu'on l'appelait par distinction *le
Grand Comte*, et que les puissants princes recherchèrent son
alliance : tel fut Philippe i, roi de France, qui demanda en mariage sa fille aînée; tel fut Conrad, fils de l'empereur Henri iii,
qui épousa cette princesse; tel fut enfin le roi de Hongrie, qui
demanda pour son fils la seconde fille du *Grand Comte*. — Roger ii,
son fils, lui succéda, joignit à ses états Amalfi et Naples, et se fit
couronner, à Palerme, roi des Deux-Siciles, en 1130.

V

Le royaume de Sicile

Après tant de ballottements, d'orages, d'invasions et de souffrances, la Sicile voyait enfin à sa tête un prince puissant et
généreux, capable de lui faire oublier ses épreuves, de la constituer
fortement et de lui donner dans le monde ce rang qu'elle y devait
occuper depuis la civilisation. Tout souriait au nouveau monarque,
et, il faut le dire, il fut à la hauteur de sa mission autant que
ces âges de fer le permettaient. Le droit du plus fort était alors à
peu près le seul reconnu. Roger n'abusa pas du sien. Il se signala
surtout par les services qu'il rendit à l'Eglise dans ses états : il y
rétablit totalement la religion chrétienne, fit rebâtir toutes les
églises que les Sarrasins avaient abattues ou changées en mosquées,
et remit sous l'autorité du Saint-Siége tous les évêchés qui en
avaient été aliénés et distraits par les Grecs schismatiques. Ces
services furent si importants, que le pape Urbain II le nomma,
ainsi que tous ses successeurs, légat-né du Saint-Siége en Sicile,
le plus grand privilége que les papes aient accordé jamais à un
souverain temporel ; aucun autre d'ailleurs, si ce n'est les rois
de Sicile, ne l'a partagé depuis. Roger reçut même d'Innocent II,
en 1139, la prérogative singulière de se servir du bâton ou de
la crosse, de l'anneau pastoral, de la dalmatique, de la mitre
et des sandales, tous ornements propres à un évêque ; et on trouve
encore des monnaies du successeur de Roger, où ce prince est
représenté vêtu pontificalement [1].

[1] Ces priviléges furent considérablement restreints, en 1199, par Innocent III.

Ce n'est pas que ce prince n'eût rien à débrouiller avec la cour de Rome ; mais ces nuages disparurent presque aussi vite qu'ils s'étaient formés. Attaqué dans ses possessions de terre ferme, le roi non-seulement les reconquit, mais il dirigea deux expéditions contre les Sarrasins d'Afrique pour venger les outrages que les chrétiens recevaient depuis longtemps des mahométans ; il s'empara de Tripoli et de plusieurs autres villes, où ses soldats commirent d'inexcusables cruautés. La guerre, dans ces temps barbares, n'était point autre chose qu'une sorte de brigandage organisé. Une querelle survenue entre lui et l'empereur d'Orient fournit aussi à Roger ii l'occasion de faire une descente en Grèce ; son amiral Georges d'Antioche, qui commandait en son nom, s'empara rapidement des places importantes, et y fit un butin immense, qui fut conduit en Sicile avec une foule de captifs de tout âge et de tout sexe. Il y avait surtout, parmi ces prisonniers, un grand nombre d'ouvriers en soie, ce qui donna sujet à l'établissement de plusieurs manufactures de ce genre à Palerme, et ce sont les premières que l'on ait vues en Europe ; ce furent ces ouvriers qui apportèrent cette branche si féconde de commerce d'Orient en Occident. Louis le Jeune, roi de France, revenait de Terre-Sainte sur ces entrefaites ; prêt à être enveloppé par les Grecs, dont les vaisseaux avaient entouré le sien, il fut dégagé par les Siciliens, et voulut remercier en personne le roi de Sicile lorsqu'il fut arrivé devant ses états.

Roger ii mourut en 1154, à Palerme, où il fut inhumé dans la cathédrale ; son tombeau s'y voit encore aujourd'hui. A toutes les qualités éminentes qui le distinguèrent, il faut joindre malheureusement des vices qui terniraient une gloire plus grande que la sienne : il fut cruel, avare, vindicatif dans bien des circonstances. La religion avait tant à faire alors pour civiliser et adoucir ces natures guerrières ! On s'étonne du pouvoir qu'elle put conserver dans des temps si calamiteux : œuvre humaine, elle eût succombé à la tâche et disparu sous la violence du choc ; œuvre divine, elle grandit parmi les épines et les ronces, aplanit les plus fiers rochers, et fit enfin de la société barbare du moyen âge cette société polie, douce dans ses mœurs, charitable et régulière, que les siècles chrétiens nous donnent en spectacle.

Au reste, Guillaume I, fils et successeur de Roger, devait renouveler bien autrement pour la Sicile ses jours les plus mauvais. Sacré du vivant même de son père, il avait régné conjointement avec lui pendant trois années; mais il n'en voulut pas moins faire renouveler cette cérémonie au milieu de sa capitale. Le nouveau royaume n'était pas bien affermi encore. Créé par la force, la force seule pouvait le défendre jusqu'à ce qu'il eût pris rang définitivement parmi les puissances européennes. Menacé à la fois par l'empereur d'Allemagne et par l'empereur d'Orient, ébranlé par les révoltes continuelles des petits seigneurs de la Pouille et de la Calabre, on le crut, sous Guillaume, à la veille de sa perte. Dieu ne permit pas qu'il succombât pour ces jours-là. Le roi soumit les rebelles, détruisit de fond en comble la ville de Bari, battit les Grecs sur terre et sur mer, et ne s'arrêta que lorsque l'empereur Emmanuël Comnène consentit par un traité solennel à reconnaître Guillaume pour roi légitime de Sicile et renonça à toute prétention, pour lui et pour ses successeurs, sur ce royaume ainsi que sur l'Italie; et il paraît que ce fut de bonne foi, car depuis ce traité on ne voit plus dans l'histoire que les empereurs grecs aient fait aucune démarche ni aucune entreprise pour recouvrer ce qu'ils avaient perdu en Occident.

Vainqueur des Grecs, tranquille au dedans et au dehors de ses états, Guillaume I avait auprès de lui un ennemi caché beaucoup plus formidable que ne l'avaient été tous ceux dont il venait de triompher. Ce serpent dangereux qu'il nourrissait était son favori et son premier ministre, Maïon, homme obscur, sans naissance, qu'il avait comblé de bienfaits et élevé à la dignité de grand-amiral. Il régnait despotiquement sous le nom de son maître, abusait de la faiblesse et de la confiance du roi, et faisait retomber sur Guillaume la haine qui n'était due qu'à sa perversité propre. Cet homme, fils d'un marchand d'huile, avait des sentiments au-dessus de sa première condition; car l'ambition, que les êtres les plus vils peuvent nourrir aussi, n'est pas un titre de noblesse.

Georges Maïon avait reçu de la nature quelques talents heureux : il avait beaucoup d'éloquence, de bravoure et d'habileté, mais en même temps beaucoup d'arrogance et d'audace ; il était parvenu sans effort, et presque sans le savoir, au plus haut degré de faveur auprès de son maître. Sa fortune avait commencé sous le règne précédent : devenu secrétaire de Roger, et successivement vice-chancelier et enfin grand-chancelier, après avoir rempli plusieurs autres emplois, il trouva le moyen de gagner toute la confiance de ce prince, et ne fut pas moins heureux auprès de son fils. Mais, peu content de le gouverner, d'occuper un poste qu'il ne méritait pas et d'être la première personne de l'Etat après le roi, l'ingrat voulut encore le supplanter ; il forma l'odieux projet de détrôner son maître et son bienfaiteur, de lui ôter en même temps la couronne et la vie. Il fit part de ce noir complot à Hugues, archevêque de Palerme, prélat indigne de porter la livrée sainte des ministres de Jésus-Christ ; et Hugues, aussi ambitieux, aussi scélérat, approuva ce projet détestable et travailla à son exécution. Cependant l'amiral ne s'était ouvert au prélat que sur la moitié de l'entreprise ; il lui avait dit que son but était d'assassiner le roi, de mettre le jeune Roger son fils sur le trône, de se faire donner la tutelle de ce jeune prince et la régence du royaume pendant sa minorité ; mais il ne lui avait point dit qu'il voulait se défaire du fils comme du père et s'asseoir lui-même à leur place. Dès lors Maïon ne s'occupa plus que des moyens d'exécuter impunément son entreprise et de préparer avec art les esprits à la révolution qu'il voulait opérer.

De concert avec l'archevêque, il commença par s'emparer de la personne du roi et par le retenir comme prisonnier dans son palais, afin qu'il ignorât tout ce qui se passait au dehors ; les deux complices le rendirent tellement invisible pour les grands comme pour tous ses sujets, qu'il courut souvent des bruits de la mort de ce prince. La maison royale était remplie d'eunuques, de Sarrasins et de lâches esclaves dévoués aux ordres de Maïon. Ce misérable, maître de l'esprit du roi, lui inspira de la défiance et de l'aversion pour ses parents et pour tous ceux des grands dont il craignait le courage et le zèle ; il les éloigna de la cour par toutes sortes d'artifices, et contraignit même la plupart d'entre eux, par les mauvais traitements et les outrages qu'il leur fit souffrir, de justifier ses calomnies et de se ranger du parti des rebelles.

D'un autre côté, les peuples furent accablés d'impôts ; ils ne purent obtenir aucune justice sur leurs plaintes : traités tyranniquement par les créatures de l'amiral, on les vit presque réduits aux dernières extrémités du désespoir et à la nécessité de se soulever contre un joug devenu tout à fait insupportable. Pour leur inspirer autant de mépris que de haine pour leur maître, Maïon négligea d'apaiser ces révoltes, et laissa, faute de secours, tomber au pouvoir des Sarrasins toutes les villes d'Afrique que Roger y avait conquises. En un mot, ce favori perfide fit si bien, qu'en peu de temps il rendit le roi odieux, exécrable aux grands comme au peuple et désigné par tous sous le nom de Guillaume le Mauvais.

Le ministre ne songeait plus qu'à mettre le comble à son crime en frappant le dernier coup ; il avait déjà fixé le jour et le moment où il devait assassiner le roi, lorsqu'il vint à se brouiller avec son complice au sujet de la tutelle future du jeune prince et de la régence du royaume, que Hugues prétendait avoir exclusivement. L'ambitieux prélat avait deviné tout le projet de Maïon, et celui-ci, changeant de batterie, mit la mort de l'archevêque au nombre des moyens qu'il avait à mettre en usage. L'archevêque se tint en garde contre toutes ses embûches, et se précautionna contre toutes les atteintes du fer et du poison. Il sentit aussi combien la mort de l'amiral importait à sa sûreté ; et tandis que ces deux scélérats se traitaient mutuellement en amis et s'accablaient de caresses perfides, ils aiguisaient l'un et l'autre le fer dont ils brûlaient de se percer. Maïon se croyait déjà si sûr du succès, que, si l'on en croit plusieurs historiens, il avait fait faire des ornements royaux qu'il faisait voir à ses amis, et il est vrai qu'on les trouva dans son palais après sa mort. Cependant la haine du peuple et des grands était si fort aigrie contre cet homme qui prétendait devenir leur maître à force de noirceur, qu'une partie des habitants de la

Pouille se souleva de nouveau ; ceux même d'Amalfi protestèrent qu'ils n'obéiraient à aucun ordre de l'amiral et qu'ils ne recevraient de sa main aucun gouverneur. Un très-grand nombre de seigneurs formèrent, en 1160, une confédération et s'engagèrent par serment à ne plus obéir aux ordres de la cour jusqu'à ce que Maïon eût été tué ou au moins chassé du royaume. Ce n'était déjà plus son expulsion, c'était la mort, le châtiment du ministre, que l'indignation de tous demandait hautement.

Tel était l'état des choses, lorsqu'un gentilhomme calabrais, Matthieu Bonnello, fut envoyé par Maïon dans la Pouille pour y apaiser les troubles. Mais quelques nobles firent si bien sentir à Bonnello combien était vil le tyran auquel il soumettait son noble cœur, que ce gentilhomme, chargé, convaincu, résolut de délivrer sa patrie d'un pareil oppresseur. Hugues, impatient de se venger, apprend ces dispositions ; il fait venir Bonnello et le presse vivement d'exécuter son entreprise. Tout est préparé pour l'assassinat. L'archevêque était alors retenu au lit par une maladie ; Maïon avait trouvé le moyen de lui faire donner du poison par un de ses gens ; mais, soit que ce poison ne fût pas assez violent, soit que la dose n'en fût pas assez forte, Hugues tomba dans une maladie de langueur dont il ne mourut que quelque temps après. L'amiral, voulant à toute force se défaire du prélat, se rendit auprès de lui sous prétexte de lui faire une visite d'amitié ; et, affectant le plus vif intérêt pour sa santé, il lui présenta du poison et le pressa de le prendre, l'assurant que c'était un remède efficace contre son mal. Hugues savait trop bien quels remèdes Maïon était capable de lui donner ; il s'excusa sous différents prétextes, et, répondant à cette politesse par une autre du même genre, il envoya dire à Bonnello qu'il ne fallait plus tarder d'une heure. Celui-ci poste à l'instant des soldats gagnés par lui dans tous les endroits par où l'amiral doit passer. Maïon est averti, mais trop tard ; il demande aux soldats qui l'arrêtent à parler à leur chefs, se flattant de le faire changer de sentiments par ses discours artificieux ; mais Bonnello ne lui en donna pas le temps, il le perça de coups en l'accablant d'injures. Les gens de sa suite achevèrent de le mettre en pièces. La même nuit, le peuple, informé de la mort de l'amiral, déchargea toute sa rage sur son cadavre, le traîna par les rues et lui fit toutes sortes d'outrages. Ce tragique événement se passa le soir du 11 novembre 1160. A cette nouvelle le roi entra dans une grande colère, jurant de venger celui qu'il appelait son meilleur serviteur; mais, quand on lui montra l'abîme au bord duquel il avait été retenu par la main de la Providence, il bénit Dieu de l'avoir sauvé par cette mort et ordonna la confiscation de tous les biens du traître.

Tout n'était pas encore fini pour Guillaume. La haine qu'on avait portée au ministre se concentrait maintenant sur le souverain qui l'avait si longtemps protégé. Bonnello, payé d'ingratitude pour le service qu'il avait rendu, servit de prétexte à une conjuration nouvelle. Les mécontents jurèrent de ne plus ménager un prince assez stupide, assez injuste pour sacrifier le bonheur de ses états à de vils favoris, et ils renouèrent pour leur propre compte la trame de Maïon, résolus de détrôner Guillaume, de le tuer, ou du moins de le confiner dans une prison pour le reste de ses jours, et de le remplacer par le prince Roger, son fils aîné, alors âgé seulement de neuf ans. Les plus grands seigneurs étaient dans le complot; toutes les précautions étaient prises, et le succès était infaillible, si un secret confié à tant de gens eût pu être impénétrable. Un des conjurés le confia à un soldat de ses amis, dans la vue de l'engager à entrer dans le complot. Ce soldat en eut horreur, et alla sur-le-champ le révéler à un de ses camarades, lui déclarant qu'il était résolu de tout découvrir au roi. Mais ce nouveau confident était un des conjurés, et il n'eut rien de plus pressé que de courir auprès de ses chefs pour les informer de cette circonstance nouvelle et urgente; on décida de précipiter l'exécution et d'éclater dès le lendemain. On s'était ménagé des ouvertures avec les employés du palais, de sorte qu'au moment d'agir rien ne fut plus facile que d'arriver jusqu'auprès du monarque, occupé pour l'heure avec son ministre l'archidiacre de Catane. On se jette sur lui, on l'accable d'injures, on s'apprête à le percer de coups d'épées, malgré ses prières, malgré sa promesse d'abdiquer

la couronne, et il aurait infailliblement péri si l'un des chefs de
la conjuration ne l'eût protégé contre les autres. On se contenta
donc de mettre Guillaume en lieu de sûreté; on enferma la
reine et les princesses ses filles dans une chambre; après quoi
on mit le palais au pillage. Le trouble et le désordre, la licence et le crime furent les suites inséparables de cette conspiration tumultueuse; les conjurés se livrèrent aux plus grands
excès, pillèrent le trésor du roi et ses meubles les plus riches,
assouvirent leur rage sur tous les eunuques qu'ils rencontrèrent
et qui furent égorgés, se répandirent dans Palerme, enfon-
cèrent et dépouillèrent les magasins et les boutiques que les
Sarrasins y avaient, et massacrèrent même inhumainement plusieurs de ces malheureux. Puis, pour consommer la révolution,
les conjurés prirent le fils aîné du roi, le proclamèrent roi
de Sicile et le promenèrent dans toute la cité sur un cheval
blanc, aux acclamations de la multitude, toujours avide de
nouveautés.

Il y avait déjà trois jours que Guillaume était étroitement resserré dans sa prison. On s'émut à Palerme du sort qui l'attendait;
un soulèvement éclata, on demandait à grands cris de voir le
prisonnier, et il fallut satisfaire le peuple. Aussitôt que le roi
parut sur une galerie, revêtu d'un méchant habit, le visage en
désordre et tout meurtri des mauvais traitements qu'on lui avait
infligés, sa présence, son abattement, ses pleurs, sa contenance
humble et soumise, tout réveilla l'amour des Siciliens en faveur
du fils de Roger II. Ils s'enflammèrent au point qu'ils voulurent
enfoncer les portes du palais pour le délivrer et faire main-basse
sur tous les conjurés, de manière que ceux-ci, qui trois jours
auparavant avaient menacé si fièrement les jours de ce prince,
furent obligés à leur tour d'implorer ses bontés pour conserver
leur vie, et il n'est pas douteux qu'ils n'eussent été massacrés, si
Guillaume n'eût ordonné au peuple de mettre bas les armes et de
laisser sortir tranquillement ses ennemis sans leur faire de mal,
leur permettant de se retirer où ils voudraient. Il fut obéi : le
peuple se retira paisiblement; les conjurés sortirent et allèrent se

rassembler auprès de Bonnello ; le roi fut délivré, remis en possession du trône ; tout rentra dans l'ordre, et la tranquillité fut rétablie dans Palerme.

Cet événement eut néanmoins des suites fatales pour Guillaume et pour la Sicile ; il coûta la vie au jeune duc Roger, fils aîné du roi. Ce jeune prince, s'étant mis à une fenêtre du palais lorsque le peuple vint pour l'enfoncer, reçut par hasard un coup de flèche : la blessure n'était point dangereuse, et elle ne l'eût point fait mourir, si la brutalité de son père n'eût terminé ses jours de la manière la plus atroce. En effet, Guillaume fut à peine délivré, qu'irrité de ce que les rebelles lui avaient préféré son fils, et de ce que cet enfant était chéri des Siciliens, il lui donna un si violent coup de pied dans la poitrine que Roger en mourut fort peu de jours après. Cet accident funeste, tant de malheurs accumulés, tant de troubles, la crainte, les remords accablèrent tellement le coupable souverain, qu'il entra dans les accès du plus violent désespoir et qu'il oublia ce qu'il se devait à lui-même et à sa dignité. « Dépouillé de ses vêtements, dit l'historien Giannone, il se roulait par terre, s'arrachait les cheveux, versait des torrents de larmes et donnait tous les signes de la plus vive douleur et du repentir le plus amer : sentiments passagers, qui venaient peut-être de la faiblesse de son esprit beaucoup plus que de la droiture de son cœur. »

Comme ses appartements étaient maintenant ouverts à tout le monde, ses sujets furent témoins de ses larmes humiliantes et de l'égarement de sa douleur. Ils en furent touchés et profondément attendris ; les prélats, les officiers de la cour, les citoyens de Palerme s'efforcèrent de le consoler, l'exhortèrent à s'armer de courage, le pressèrent de reprendre la couronne, et l'assurèrent de leur zèle pour la défense et la conservation de sa personne. Guillaume se rendit à leurs désirs, parut changé, déchargea le peuple de quelques impositions onéreuses et promit de gouverner sagement dans la suite : vaines promesses, que la crainte de l'orage et une affliction personnelle avaient dictées, et qui s'évanouirent avec le rétablissement du calme !

Il pensa alors à se venger. Bonnello fut sa première victime.
Après quelques autres châtiments, se croyant enfin délivré de
tous ses ennemis, il reprit son ancienne manière de vivre, c'est-
à-dire qu'il se renferma dans son palais, et ne songea plus
qu'à s'endormir dans le sein des plaisirs et de l'oisiveté, en
accumulant trésors sur trésors aux dépens de ses sujets; laissant d'ailleurs à ses deux ministres le soin des affaires, dont il
ne voulut plus entendre parler. La belle et malheureuse Sicile fut
de nouveau abandonnée à la tyrannie de ces gens sans honneur et
sans foi, qui ravageaient impunément le royaume et dépouil-
laient les peuples. Guillaume mourut au moment où il entrepre-
nait de bâtir un troisième palais, plus magnifique encore et plus
étendu que les deux que son père avait fait construire. On dit
qu'avant d'expirer il témoigna un grand repentir et parut entièrement changé : heureux si ce tardif retour pesa suffisamment dans
la balance éternelle pour effacer tant de crimes, d'exactions et
d'infamies, accomplis ou du moins permis par ce méchant roi !
La reine lui fit ériger un superbe tombeau de porphyre, que l'on
voit encore dans la cathédrale de Mont-Réal.

VI

Guillaume le Bon

Reposons un instant nos regards, après tant de misères, sur un
prince que la reconnaissance de la Sicile a décoré du nom de
Bon. Il succéda, en 1166, à son père qui venait de descendre
au tombeau ; mais avec le changement du maître les peuples apprirent qu'ils avaient aussi changé de gouvernement et de sort.
Non pas tout de suite à la vérité, car Guillaume II n'avait que
douze ans, et il dut subir, comme ses sujets, la régence de sa
mère, Marguerite de Navarre, princesse infidèle à son mari et
scandaleuse dans sa conduite. Cette courte régence, qui ne dura
que trois années et quelques mois, fut marquée par la conti-
nuation des excès du règne précédent. Un seul homme l'honora,
mais il périt à la tâche. C'était un étranger, Étienne de Rotrou,
que la reine avait fait venir en Sicile et que Dieu sans doute destinait dans sa providence à laver les taches que l'archevêque
Hugues avoit imprimées au siége métropolitain de Palerme.
Étienne, nommé chancelier et archevêque de Palerme, donna les
plus grandes preuves de zèle et de désintéressement ; il se signala
par sa fermeté dans le maintien des lois et de la justice, et il se
conduisit avec tant de sagesse et d'équité, qu'il s'attira la haine
des méchants, dont la cour était pleine, et dont il s'efforça vainement de réprimer les crimes et les malversations. La Sicile
pourtant respira un peu pendant son administration, qui fut,
hélas ! de trop courte durée. Sa vertu le rendit si odieux à ses
ennemis, qu'il n'est point de complots ni de trames qu'ils ne

missent en usage pour se débarrasser de lui. La reine, qui le
protégeait, ne put le soutenir contre leurs cabales et leurs intrigues, et ils firent si bien, qu'ils l'obligèrent, pour conserver sa vie, de renoncer au ministère, à son archevêché, et
de quitter pour jamais la Sicile. Telle fut la récompense qu'il reçut
de ses soins. Il se retira en Syrie, où il mourut fort peu de temps
après.

Mais Guillaume venait d'atteindre quinze ans, et il fut déclaré
majeur. Les choses vont changer de face, et des jours sereins vont
commencer à briller pour le royaume, où les provinces étaient
désolées et ravagées par leurs gouverneurs, les villes mises à
contribution, les peuples opprimés, les revenus royaux livrés au
pillage, les lois sans force; où tout était confondu, renversé,
violé par les grands et les favoris. Le jeune monarque, dont l'illustre Pierre de Blois avait fait l'éducation, sut réparer en grande
partie, par sa sagesse, ses réformes, sa vigilance sur tous les détails de l'administration, tous les maux que son prédécesseur
avait causés, et il fit oublier les malheurs d'une régence orageuse.
La comparaison même que l'on fit de ces temps de troubles avec
la tranquillité de son règne contribua beaucoup à lui concilier
l'affection des peuples, qui lui déférèrent le surnom de *Bon*,
bien au dessus de celui de grand ou de conquérant. Il ne l'obtint
ni de la flatterie ni du préjugé; Guillaume II le mérita, parce
qu'il fut constamment occupé du bonheur de ses sujets et du
soin de leur donner des preuves de sa bienfaisance. La gloire de
la Sicile ne fut pas négligée non plus. Pendant que ses ambassadeurs traitaient d'égal à égal, à Venise, avec ceux du pape, de
l'empereur d'Allemagne, des Pisans, sa flotte tenait la Méditerranée, et faisait trembler à la fois le fameux soudan d'Egypte
Saladin et le roi de Maroc; elle allait menacer jusqu'à Constantinople le tyran Andronic Comnène, qui avait usurpé l'empire d'O-
rient sur l'empereur Alexis.

En 1174, Guillaume jeta les fondements d'une magnifique
église, sur une colline nommée Mont-Réal, près de Palerme;
cet édifice était destiné à devenir la sépulture des princes et des

rois de la maison royale de Sicile. Il en fit une abbaye, qu'il
donna aux religieux de l'ordre de Saint-Benoît, appelés *de la
Trinité de la Cava*. La construction de cette église donna occasion à celle d'un très-grand nombre de maisons qui furent successivement bâties à l'entour, de manière qu'en peu d'années Mont-
Réal devint une des plus florissantes villes de la Sicile, et si considérable qu'elle fut érigée en archevêché huit ans plus tard, dignité qu'elle a conservée jusqu'à nos jours. C'est aussi l'époque où
fut achevée la belle cathédrale de Palerme, par les soins de l'archevêque Gautier.

Guillaume cependant, animé des meilleures intentions, prépara
sans le savoir les plus terribles maux à sa patrie. Il n'avait point
d'enfants. Inquiet de ce que deviendrait après lui la Sicile, il jeta
les yeux sur Henri, fils de l'empereur d'Allemagne, et lui accorda la main de sa tante Constance, fille de Roger II, qui avait
alors 31 ans, avec le droit de lui succéder, à l'exclusion de tout
autre prince. Le parti semblait sage sans doute ; mais Henri,
monstre de cruauté, était plus digne de commander à des tigres
qu'à des hommes ; nouveau et lamentable fléau, il devait verser
sur cette île infortunée tous les maux de la guerre et de la ruine.
Après avoir été successivement la proie des Phéniciens, des anciens
Grecs, des Carthaginois, des Romains, des Visigoths, des Hérules, des Sarrasins, des Grecs du Bas-Empire et enfin des Normands, il était réservé à la Sicile de subir bien d'autres invasions
encore, celle des Allemands, des Français, des Espagnols, et
enfin l'invasion des Napolitains. On marche, dans cette histoire,
de catastrophes en catastrophes, et il est impossible de ne pas se
sentir au cœur un déchirement à compter les tribulations d'un
peuple courageux et digne de la plus vive sympathie.

Le règne de Guillaume le Bon aurait dû se prolonger un siècle ;
il dura à peine 23 ans, ce prince si estimable étant mort en 1189,
âgé seulement de 36 ans. Les larmes de son peuple coulèrent
abandantes à cette nouvelle inattendue : éloge de tous le plus
rare, le plus précieux et sans contredit le plus glorieux pour
un roi.

VII

Les Allemands en Sicile

La couronne appartenait donc à Henri VI, surnommé *le Cruel.*
Toutefois, la haine si légitime de l'étranger, et d'un étranger aussi
méchant que l'était cet empereur d'Allemagne, et d'autre part le
mérite du prince Tancrède, comte de Lecce et membre de la famille royale de Roger, décidèrent les Siciliens à choisir pour roi
Tancrède, que sa bravoure, ses grandes qualités et sa naissance
illustre rendaient très-cher aux peuples. Tancrède fut couronné solennellement, malgré l'opposition des barons de la Pouille, qui
se révoltèrent contre lui et qu'il parvint à soumettre par les armes.
C'était un prince digne en tout du diadème. Quelques historiens
l'ont flétri du nom d'usurpateur. Nous comprenons cette imputa-
tion quand il s'agit d'Andronic Comnène, de Jean sans Terre
d'Angleterre, et de bien d'autres, lorsque la trahison, la perfidie
et l'ingratitude sont les seuls titres à porter une couronne. Mais
rien de tout cela ne se présentait ici. On peut l'affirmer sans hésitation, l'avènement de Tancrède était le salut de la Sicile : avec
lui se poursuivait l'œuvre de Guillaume le Bon ; en le renversant,
les armes de l'Allemand ont renversé la fortune de ce royaume et
celle de l'Italie méridionale tout entière.

Attaqué à la fois par les barons mécontents de l'autre côté du
détroit et par Henri VI, dont les troupes inondaient la Pouille,
Tancrède fit face à tous les dangers. Il s'empara même de l'impératrice Constance, qu'il reçut et traita avec la plus haute distinction ; puis, à la sollicitation du pape, il la renvoya à son époux

comblée de présents et d'honneurs. Le roi retourna à Palerme, où
le sort, qui ne l'avait favorisé un moment que pour rendre plus
accablant le coup dont il voulait le frapper, lui gardait un revers
aussi terrible qu'imprévu. Il eut la douleur, quelques jours après
son arrivée dans sa capitale, d'y voir périr à la fleur de l'âge le
prince Roger, son fils aîné, ses délices, l'objet de son amour et
de ses plus chères espérances ; il n'avait plus qu'un fils en bas âge.
Cette mort prématurée porta le chagrin le plus violent dans son
cœur paternel, et l'on peut dire que l'infortuné Tancrède fut enseveli avec un fils si cher, auquel en effet il ne survécut que peu
de temps. Abattu, sans espoir, sans soutien, il ne fit plus que
languir, jusqu'à ce que, succombant enfin à sa douleur, il tomba
malade et mourut, en 1194, après cinq ans de règne.

Son fils, Guillaume III, lui succéda sous la régence de la reine
Sibylle. L'infortuné et innocent enfant ne devait porter d'autre
couronne que celle de la douleur.

Henri le Cruel accourait enfin du fond de l'Allemagne, à la nouvelle des avantages remportés par Tancrède sur ses généraux. Il
s'empare de Salerne, dont il avait eu à se plaindre, et pour ses
droits de bienvenue en Italie il se livre sur cette malheureuse cité
à toutes ses brutales fureurs : les habitants en sont en partie massacrés, jetés dans des cachots, ou envoyés en exil. Salerne, ville
florissante alors et l'une des plus belles et des plus considérables
de la Péninsule, fut entièrement détruite, après avoir été mise au
pillage par les Allemands, qui y commirent toutes les horreurs
imaginables. Effrayés de ce traitement barbare, les autres villes se
hâtèrent d'ouvrir leurs portes au vainqueur. Celles de Sicile suivirent cet exemple et se rendirent sans résistance. Dans l'abandon
où elle se voyait, la reine se retira, avec le jeune roi et avec toute sa
famille, dans le château de Calatabellota, lieu très-fort, où elle se
flattait de pouvoir faire une longue défense. Henri, ne voulant pas
prendre la peine d'en former le siége, eut recours à l'artifice, ses
armes les plus ordinaires. Il fit faire des propositions avantageuses
à la régente, qui donna aveuglément dans le piége. Le petit Guillaume III, disent les vieux chroniqueurs, vint mettre en pleurant

sa couronne aux pieds de Henri VI, dont cette démarche humiliante ne fléchit point l'humeur impitoyable. Au mépris de toutes les lois divines et humaines, au mépris de sa parole et d'un traité formel, ce monstre sans entrailles confina l'infortuné enfant dans une prison perpétuelle en Allemagne, après lui avoir fait crever les yeux. Guillaume expira de douleurs et de mauvais traitements, au bout de deux ans. La reine Sibylle, sa mère, et ses sœurs furent aussi conduites en Allemagne, où elles ne furent pas mieux traitées : leur dure captivité ne prit fin qu'en 1198 ; elles obtinrent alors leur liberté, à la sollicitation du pape Innocent III, immortel pontife dont on rencontre avec bonheur le nom sur ces pages marquées du récit de tant d'horreurs. Innocent, sans cesse menacé et attaqué par ses propres sujets, les turbulents habitants de Rome, planait sur l'Eglise et sur le monde chrétien avec un calme imperturbable, avec une sollicitude permanente et minutieuse, portant partout un regard de père et de juge. De l'Islande à la Sicile, du Portugal jusqu'en Arménie, pas une loi de l'Eglise n'est transgressée qu'il ne la relève, pas une injure n'est infligée au faible qu'il n'en demande réparation, pas une garantie légitime n'est attaquée qu'il ne la protége [1]. Délivrées par sa protection, les princesses se retirèrent en France, dans tous les temps la patrie de ceux qui n'en ont plus.

Le courroux atroce de Henri se déchaîna ensuite contre tous ceux qui avaient été affectionnés au roi Tancrède. Une foule de prélats, de barons, de seigneurs périrent dans les supplices : les uns furent brûlés ou pendus ; les autres eurent les yeux crevés et furent jetés dans des prisons. Richard, comte de la Cerra, beau-frère du feu roi, fut traîné à la queue d'un cheval dans les rues de Capoue, et pendu la tête en bas ; il n'expira qu'au bout de deux jours, après avoir essuyé les plus épouvantables indignités, qui s'étendirent jusque sur son cadavre. Le chancelier Matthieu fut heureux que la mort l'eût soustrait à l'implacable ressentiment du tyran ; mais Henri, ne pouvant se venger

[1] Voir M. de Montalembert, Hist. de sainte Elisabeth, *introduction.*

sur celui qui avait fait couronner Tancrède à sa place, s'en prit à
ses trois fils, parmi lesquels se trouvait l'archevêque de Salerne :
ils furent conduits prisonniers en Allemagne, avec un grand
nombre d'autres victimes.

L'empereur, peu content d'exercer sa rage sur les vivants,
l'épuisa sur les morts. Il viola leur respectable asile, et fit déterrer
les corps de Tancrède et de Roger son fils aîné, qu'il outragea
de toutes les manières, leur ôtant les couronnes qu'ils avaient
sur la tête, parce que, disait-il, cette marque d'honneur n'appartient point à de vils usurpateurs. Il cassa et annula tous les actes,
priviléges, ordonnances et arrêts qui avaient été expédiés au nom
des rois qui avaient régné depuis Guillaume le Bon, qu'il recon-
nut pour ses seuls légitimes prédécesseurs.

On comprend aisément que ces horreurs rendirent Henri VI
fort odieux à ses nouveaux sujets. L'impératrice Constance, son
épouse, qui avait dans les veines un sang sicilien, en fut outrée
elle-même. Le pape écrivit de son côté au tyran pour lui faire
de vifs reproches; mais il méprisa cette lettre et ces remontrances. Il fit plus : après s'être vengé de ceux qu'il appelait
ses ennemis, il récompensa les Génois, dont les navires avaient
favorisé son expédition et auxquels il avait fait de magnifiques
promesses, en leur ôtant tous les priviléges et tous les établissements dont ils avaient joui précédemment en Sicile, et il
les menaça de tourner ses armes contre eux et de détruire leur
ville de fond en comble s'ils osaient l'irriter, le solliciter ou se
plaindre.

Henri fit alors un voyage en Allemagne, d'où il revint à la tête
de nouvelles troupes, dans le dessein d'exterminer tous les Normands de son royaume, publiant, pour ne pas effrayer ses victimes, que son projet était de partir pour une croisade en Terre-
Sainte. De retour à Palerme, il les fit expirer dans les supplices,
sans distinction d'âge ni de sexe; il ne fit grâce à aucun de ceux
qui avaient pris part au couronnement de Tancrède. Il leur faisait,
dit l'historien napolitain Giannone, planter et attacher sur la tête
une couronne avec des clous de fer. Une vieille chronique,

citée par Muratori, rapporte même qu'il fit brûler près de Palerme tous les évêques qui avaient assisté à ce couronnement.

Il n'est pas surprenant que tant d'horreurs et d'atrocités soulevassent enfin ses sujets contre lui. Aussi les grands du royaume, indignés de voir qu'il affectait de faire périr tous ceux qui étaient de sang normand et alliés à la famille royale, se liguèrent-ils contre lui pour arrêter une si exécrable tyrannie. Nous avons vu que l'impératrice Constance elle-même était révoltée contre tant de cruautés ; elle se saisit du trésor, entra dans la conspiration et fit des levées de troupes pour faire tête aux Allemands. Ils étaient si détestés, que dans une émeute qu'il y eut à Palerme, plusieurs d'entre eux furent massacrés par la populace furieuse, et que Henri lui-même, effrayé, courut se réfugier dans une forteresse, où il fut assiégé par les Siciliens et réduit aux dernières extrémités, de sorte que ne pouvant échapper ni éviter de tomber dans les mains des mécontents, il fut obligé de capituler aux conditions qui lui furent imposées par son épouse. La première de ces conditions fut qu'il quitterait sur-le-champ la Sicile pour s'en retourner en Allemagne. Cet orage passé, il se réconcilia avec Constance ainsi qu'avec les barons du royaume, et fit embarquer son armée pour la Syrie, où il méditait une expédition. Cette expédition fut sans succès et couvrit au contraire les Allemands de honte ; la mort de Henri, qui arriva fort peu de temps après, les déconcerta tellement que, ne sachant plus ce qu'ils faisaient, ils prirent la fuite et s'en revinrent dans leur pays, à l'exception des évêques de Verdun et de Mayence, qui tinrent ferme quelque temps.

Au reste, ce ne fut pas en Asie que mourut l'empereur. On avait résolu en Sicile d'en finir avec lui, et après son départ un soulèvement éclata ; ce que l'amour du pays avait fait faire en faveur de Tancrède fut renouvelé ; on proclama roi un seigneur de l'île. Henri accourt, s'empare de ce seigneur et le fait mettre à mort. Peu de temps après, une place importante, Castel-Giovanni, leva de nouveau la bannière de l'indépendance ; un moine nommé Guillaume la défendit. Henri vint l'assiéger. Pendant ce siége, il tomba dangereusement malade, et se fit transporter à Messine, où il mourut le 5 octobre 1197. Comme il avait été excommunié, sa sépulture en terre sainte souffrit quelques difficultés, et sa veuve eut beaucoup de peine à en obtenir la permission. Elle l'eut cependant, sur l'assurance, qui paraît fondée, que le prince avait témoigné un grand repentir avant d'expirer et qu'il avait ordonné plusieurs réparations de ses crimes. Il fut donc inhumé à la cathédrale de Palerme, dans un magnifique tombeau de porphyre, élevé par Constance.

Henri le Cruel laisait un fils âgé de trois ans, Frédéric Roger, qui devait plus tard être empereur d'Allemagne sous le nom de Frédéric II. Il fut couronné roi de Sicile, et l'impératrice Constance fut reconnue régente du royaume. L'admirable pontife Innocent III profita de cette circonstance pour obtenir, à force de prières et de menaces, l'élargissement de la reine Sibylle et de ses filles, ainsi que de l'archevêque de Salerne, de ses deux frères et de tous les seigneurs siciliens que Henri VI avait emmenés prisonniers en Allemagne. Nous avons parlé déjà de cette mesure. Quant à la régente, le premier exercice qu'elle fit de son autorité fut d'obliger toutes les troupes allemandes, avec leur chef Marcovald, à sortir du royaume, d'après le vœu énergique de la nation. Mais cette princesse mourut au bout d'une année, et avec elle s'éteignit la race des descendants légitimes, en ligne directe, des rois et princes normands, qui ne subsista plus que dans quelques barons ou seigneurs, descendants du sang royal par alliance ou autrement.

Deux jours avant sa mort, Constance fit son testament, dans lequel elle nomma le pape régent du royaume pendant la minorité du jeune roi. Innocent accomplit cette tâche avec son zèle et sa vigilance ordinaires. Il en eut besoin dans les circonstances présentes. Marcovald, irrité de son expulsion, s'unit avec les Sarrasins pour se venger, et conçut même, dit-on, la pensée de conquérir la couronne pour lui-même. Il entra à main armée dans la Pouille, en 1199; il y commit les plus grands dégâts, y mit tout à feu et à sang, pillant et massacrant tout, sans en excepter ni les églises ni les ecclésiastiques, et sans s'embarrasser des foudres lancées contre lui par le souverain pontife. Cet homme méchant, audacieux, scélérat, déterminé, fier de ses titres et de la protection du frère du dernier empereur, se jeta sur la fameuse abbaye du Mont-Cassin, où il commit des horreurs incroyables, sur la Terre-de-Labour, sur Salerne, détruisit San-Germano et plusieurs autres villes, qu'il mit au pillage et dont il vendit tous ceux des habitants qui ne purent se racheter ; puis entra dans la Sicile, la parcourut comme un brigand pendant quatre années, en soumit presque toutes les villes, excepté Messine qui lui résista constamment, et mourut enfin, au milieu de ses succès et de ses brigandages, des suites de l'opération de la pierre. Le pape avait appelé, pour lui résister, un noble et généreux Français, Gautier de Brienne, qui avait épousé une des filles proscrites du roi Tancrède et qui, après de brillants exploits, mourut aussi des suites de ses blessures, enveloppé par les Allemands dans une surprise.

En même temps, pour dernier malheur, les Génois et les Pisans se battaient sous les murs de Syracuse, se disputant la possession de cette importante place de commerce, qui resta définitivement aux Génois. C'est au milieu de ces troubles que grandissait Frédéric II, souvent en danger de perdre la couronne et la vie, quelquefois privé des choses les plus nécessaires, à tel point que les habitants de Palerme, touchés de sa triste situation, avaient été obligés de pourvoir par charité à sa subsistance.

Lorsqu'il fut âgé de quatorze ans, il épousa une fille du roi d'Aragon : fait considérable qu'il faut remarquer, parce que telle est l'origine des droits et des prétentions de la maison d'Aragon sur le royaume de Sicile. A partir de ce moment, devenu majeur, Frédéric joua sur la scène du monde un rôle important, attaché beaucoup plus à son titre d'empereur d'Allemagne qu'à celui de roi de Sicile. Nous ne le suivrons donc point dans son voyage à Rome, où il fit hommage lige au pape en présence des cardinaux et de toute la cour; à Gênes,

où il fut reçu avec des honneurs pour ainsi dire infinis, défrayé
pendant trois mois, avec sa suite, aux dépens de l'Etat ; dans
ses guerres avec les villes de la Lombardie et des Guelfes ; ni enfin
dans ses démêlés successifs avec les papes. Sa première femme
étant morte peu d'années après son mariage, il en épousa une
seconde, Yolande, fille du roi de Jérusalem, qui lui apporta ce
titre. Lui-même, quoique excommunié, alla bientôt, dans une
croisade inutile, se faire sacrer à Jérusalem même. C'est depuis
ce temps que les rois de Naples ont ajouté à leurs titres celui de
rois de Jérusalem. Prince d'ailleurs vicieux et méchant, Frédéric
donna dans ce siècle de foi le scandale d'une conduite bien peu
religieuse et mérita d'être deux fois excommunié solennellement.
Il mourut en 1250, laissant la couronne à son fils Conrad, déjà
roi des Romains.

Conrad eut bien de la peine, en accourant du fond de l'Allemagne, à reconquérir la Sicile et les provinces napolitaines, que
l'excommunication de son père avait fait révolter contre lui. Il en
vint à bout cependant ; mais ce ne fut pas pour jouir de ses succès.
Il mourut âgé de vingt-six ans ; il en avait régné seulement un peu
plus de trois. Ce jeune prince n'eut point de vertus et ne fit rien
de remarquable. Aussi cruel envers ses ennemis que l'avait été son
père, il ne posséda presque aucune de ses qualités. Il acquit peu
de gloire, et se fit aussi peu estimer de ses ennemis qu'il se fit
haïr de ses sujets par son extrême sévérité. Son corps fut transporté
dans la cathédrale de Messine, où il fut enterré.

VIII

Conradin

Conrad n'avait qu'un enfant en bas âge, nommé vulgairement
Conradin, le petit Conrad, pour le distinguer de son père, et qui
devint fameux par ses malheurs. Ce jeune prince était âgé de deux
ans lorsque mourut Conrad. Il fut proclamé sous la régence de son
oncle Mainfroi, homme habile et dissimulé. Mainfroi commença
par revendiquer l'héritage de son neveu sur la révolte des barons,
que l'excommunication de Frédéric II tenait toujours en armes.

Parvenu par la conquête jusqu'à Palerme, Mainfroi, dont l'ambition était allumée, fit courir le bruit que le jeune Conradin était
mort en Allemagne, où il était encore plein de vie ; et comme, par
le testament de Frédéric II, Mainfroi était appelé à la couronne à
défaut de son neveu, tous les prélats, les barons et les seigneurs
du royaume le sollicitèrent vivement de monter sur un trône défendu par son courage et qui lui appartenait. L'artificieux usurpateur se fit longtemps prier, et enfin feignit de se rendre forcément
aux vœux de ses partisans et de toute la nation, tandis qu'il n'é-
coutait au fond que la voix de son ambition. Alarmé sur l'avenir
ou par la crainte de voir paraître Conradin, il publia un édit portant défense, sous peine de crime de lèse-majesté, de reconnaître
un autre roi que lui ; il chercha à s'attacher les grands par
des concessions de propriétés et d'honneurs. Il s'entoura d'une
troupe de Sarrasins qui ne le quittaient point : de là, pour lui le
sobriquet de Sultan de Sicile. Il passa en Italie pour y consolider
sa puissance.

Le pape n'eut pas plus tôt appris cette usurpation, qu'il lança contre Mainfroi une sentence d'excommunication et prêcha contre lui une croisade. Urbain iv alla même plus loin. C'était, à cette époque, une idée assez généralement répandue, qu'un prince excommunié cessait d'avoir aucun droit de commander à des chrétiens. La cour de Rome, protectrice vigilante de tous les droits et de tous les intérêts légitimes, soutenait ce principe par tous ses actes, afin de maintenir les princes si turbulents et si mauvais de ces siècles grossiers dans la crainte de ses jugements et, par suite, dans la ligne du devoir.

Frédéric ii étant donc mort excommunié, Urbain iv pensa que la peine de ses crimes devait retomber sur son fils Conrad et sur le petit Conradin ; et en conséquence, le trône lui paraissant vacant, il crut pouvoir le donner à tout autre seigneur de son choix[1]. Il l'offrit d'abord à un prince anglais, puis à Charles d'Anjou, frère de saint Louis, notre bon et glorieux monarque. Saint Louis, dans sa piété éclairée, regardait la conquête qu'on lui proposait comme une entreprise d'une justice douteuse à cause des droits de Conradin ; il témoigna donc au pape des scrupules que la plénitude du pouvoir d'Urbain sur les consciences ne put ni vaincre ni lever. Le pape fut plus heureux auprès de Charles d'Anjou lui-même, dont les principes n'étaient pas aussi sévères. Charles accepta aussitôt, et vint se faire couronner à Rome, où la domination de la Sicile, à lui et à ses descendants, lui fut conférée par une bulle solennelle. Des conditions onéreuses furent cependant stipulées. Dans une série d'articles que nous ne rapporterons point à cause de leur longueur, il fut conclu de part et d'autre que tous les ans, au jour des SS. Pierre et Paul, à peine d'excommunication, d'interdit de tout le royaume, le roi de Sicile et ses successeurs paieraient à l'Eglise romaine la somme de 8,000 onces d'or, outre une autre somme d'argent que ce prince délivrerait lorsqu'il aurait fait la conquête du royaume, et que tous les trois ans le roi ferait don au pape d'une belle haquenée blanche,

[1] Il est certain que depuis les princes normands la Sicile était considérée comme un fief du Saint-Siége.

qu'il lui ferait présenter par son grand connétable, en signe
d'hommage et de reconnaissance du souverain domaine du Saint-
Siége sur le royaume de Sicile et ses dépendances. Aujourd'hui
encore s'observe cette dernière clause entre Rome et Naples.
L'article 7ᵉ du traité marquait une chose très-importante pour
l'Italie méridionale : les rois de Sicile ne pouvaient plus être élus
empereurs sans renoncer à leur royaume actuel. Enfin, tout devait
être remis sur le même pied où les choses étaient sous le règne de
Guillaume II, tout ce qui avait été enlevé aux églises et aux ecclésiastiques leur devait être rendu, et tous les priviléges, droits et
immunités de l'Eglise, rétablis.

Mainfroi, instruit de l'orage qui s'amoncelait contre lui, ne
resta point dans l'inaction ; il prit toutes les précautions possibles
pour empêcher l'exécution du traité, jusqu'à tramer un complot
contre le pape. Il fit enfoncer des poutres et de grosses pierres
au-dessus de l'embouchure du Tibre, afin d'en rendre l'entrée
inaccessible à son ennemi. Mais rien ne découragea l'intrépide
comte d'Anjou, qui s'embarqua à Marseille, accompagné de mille
chevaliers d'élite, sur une flotte de quatre-vingts voiles. Il faisait
un temps épouvantable, et le vent était si furieux, que la mer
paraissait impraticable ; la flotte fut pendant cinq jours battue
par la tempête. Cette même tempête la sauva, parce que le mauvais temps obligea celle de Mainfroi de rester toujours en pleine
mer, de crainte d'être jetée sur les côtes et brisée ; de manière
que les vaisseaux français lui échappèrent et déposèrent heureusement sur la terre d'Italie ceux qui venaient, comme autrefois les
Normands, pour la conquérir et l'arracher à un usurpateur. Rien
n'aurait manqué à la gloire de cette expédition, si les droits de
Charles n'eussent pas été aussi litigieux, et si ces braves guerriers
étaient venus au nom du maître légitime Conradin, qu'on leur fit
bientôt assassiner lâchement.

Les Français entrèrent dans le royaume par le pont de Cep-
perano, sur le petit fleuve de Garigliano, près de Gaëte. On
voyait parmi eux les plus grands noms de la monarchie française,
des Vendôme, des Montmorency, des Mirepoix, des Sully, des

Beaumont, des Montfort, et bien d'autres. Mainfroi était campé près de Bénévent. La bataille fut bientôt résolue. Elle se livra le 25 février 1256, dans un endroit nommé Champ-Fleuri et qu'on put justement appeler depuis *Champ des morts et du carnage*. On combattit de part et d'autre, pendant une heure, avec une ardeur incroyable. Mainfroi fit des prodiges de valeur, ainsi que tous ses amis, et principalement dix champions ou chevaliers qu'il avait à ses côtés et qui avaient juré de tuer le comte d'Anjou. Ils périrent tous, à la réserve d'un seul, qui se fit jour au travers de l'armée française. Mainfroi, qui avait de grandes qualités et point d'. tout la lâcheté ordinaire des usurpateurs, voyant que ses troupes pliaient de tous côtés et qu'il était trahi par celles de la Pouille, qui refusèrent de marcher à l'ennemi, prit un parti digne d'un roi vaincu et d'une cause meilleure : ne voulant pas survivre à sa défaite, il se jeta avec les plus braves gens de sa suite au milieu des escadrons français ; et là, après mille actions héroïques, après avoir immolé une multitude d'ennemis, il périt enfin, accablé par le nombre. Son corps, enseveli sous un tas de cadavres, ne fut retrouvé que trois jours après, par hasard ; car on ne savait pas ce qu'il était devenu. On croyait qu'il s'était sauvé ; son vainqueur même l'avait écrit, le lendemain du combat, dans sa relation au pape. Le comte Jourdan, son ami, se jeta sur ce corps sans vie, et l'embrassa avec des marques de tendresse et de douleur, qui tirèrent des larmes des Français témoins de cette scène. Néanmoins le comte d'Anjou refusa obstinément aux principaux chefs de son armée la permission de lui donner la sépulture. Tout ce qu'il voulut accorder fut que le cadavre serait mis dans une fosse, auprès du pont de Bénévent, où les soldats français jetèrent, chacun en passant, une pierre : ce qui forma bientôt une masse assez considérable. Encore ne jouit-il pas longtemps de cet humble tombeau.

Le gain de la bataille rendit le comte d'Anjou maître de presque tout le royaume ; le reste ne fit que peu de résistance. Charles se montra cruel dans la victoire, et on vit un frère de saint

Louis faire périr dans les supplices plusieurs de ses prisonniers : les autres furent dispersés dans différentes prisons, où, suivant la coutume du temps, ils eurent tout à souffrir, l'abandon, les privations, les outrages. Au reste, ce farouche vainqueur crut honorer Dieu par des murs de pierre beaucoup plus que par la miséricorde; car il fit construire, en commémoration de sa victoire, une abbaye du titre de *Val-Royal*. Ce qui ne l'empêcha point, lui et ses troupes, de se jeter sur Bénévent, ville appartenant au pape, et de la mettre au pillage, sans distinction d'amis ou d'ennemis, avec une telle fureur que le pontife les menaça à leur tour de l'excommunication. De là, Charles passa à Naples, où il fut reçu comme en triomphe par ses nouveaux sujets, qui, charmés, suivant l'inconstance trop ordinaire aux peuples, d'avoir changé de maître, s'étaient soumis avec empressement à ses lois, ne se promettant qu'abondance, richesses et félicité sous le règne des Français. Philippe de Montfort fut nommé gouverneur de la Sicile. Messine la première accepta le nouveau joug, qu'elle devait bientôt secouer d'une si horrible manière.

L'enthousiasme se soutint peu de temps. Les actions du roi Charles, l'orgueil de ses officiers et des gouverneurs, la dureté de la nouvelle administration qui dégénérait en tyrannie, et les impôts dont les provinces étaient accablées, excitèrent un soulèvement presque général qui annonçait les suites les plus funestes. Palerme avait cessé d'être la capitale; ce titre appartenait désormais à Naples, où Charles avait fixé son séjour. Les mécontents, se souvenant trop tard de leur jeune et légitime souverain Conradin, lui envoyaient députation sur députation pour l'inviter à venir se mettre à leur tête, délivrer le royaume de l'oppression sous laquelle il gémissait et prendre lui-même possession d'une couronne qui était son héritage.

Le jeune prince, en qui la valeur, comme héréditaire, avait grandi avec les circonstances, honteux de languir dans une oisiveté forcée tandis que tant de braves gens consentaient à verser leur sang pour sa querelle, résolut de céder à leurs vœux et de

descendre sur les frontières du royaume de ses pères pour s'en
remettre à Dieu et à son épée. Il était alors auprès du duc Othon,
son aïeul maternel, et il n'avait pour subsister que les secours
d'Elisabeth sa mère, mariée depuis avec le comte de Tyrol. Un
jour il se présenta devant Elisabeth sous le titre de roi de Sicile,
qu'il ne quitterait plus, disait-il. Sa mère, effrayée du danger où
il allait se précipiter dans un âge aussi tendre, fit tous ses efforts
pour le détourner de cette périlleuse entreprise ; mais vainement
elle lui représenta qu'il courait à sa perte, rien ne put le retenir,
pas même la défense que le pape lui fit de mettre le pied en Italie,
défense suivie promptement de l'excommunication, lorsqu'on apprit que Conradin était en route. Il marchait à la tête de dix mille
chevaux, accompagné d'un grand nombre de seigneurs, et de
Frédéric, duc d'Autriche, jeune prince à peu près de son âge, et
qui, nouveau Pylade, suivit constamment les pas de son ami et
fut le fidèle compagnon de ses armes et de ses malheurs. La petite
armée, quelque temps arrêtée par le mauvais vouloir des villes
lombardes, ne fut pas plus tôt descendue dans les plaines de
l'Italie, que partout dans sa marche, à Pise, à Poggibonzi, à
Sienne, etc., elle fut reçue avec les mêmes honneurs qu'on eût
pu rendre à celle d'un empereur d'Allemagne. Conradin prit le
chemin de Rome par Viterbe, où était alors le pape. Clément iv
le vit passer des fenêtres de son palais, et dit à ceux qui étaient
auprès de lui : *Voici une brebis que l'on mène à la boucherie !*
Parole tristement prophétique. Il fut reçu dans Rome comme en
triomphe, par les soins du sénateur de la ville, qui avait préparé
en sa faveur tous les esprits. La bravoure, la douceur, la bonté,
la beauté et toutes les grandes qualités de ce jeune prince aug-
mentaient encore ces impressions favorables.

Les deux armées se trouvèrent en présence dans la plaine de
Tagliacozzo, en Abruzze ultérieure. Celle de Charles était de
moitié moins forte que celle de son rival ; mais il s'y trouvait l'élite
de la chevalerie française, et, il faut le dire à l'honneur du nom
que nous portons, la victoire en pareil cas n'était pas douteuse.
Toutefois les premiers avantages furent pour les Allemands.

Déjà, croyant à un triomphe facile et définitif, ils poursuivaient sans ordre les fuyards et s'amusaient à dépouiller les morts, lorsque Charles parut tout à coup à la tête d'un corps de huit cents chevaux d'élite, qu'il avait cachés derrière quelque bois. Dès ce moment, la victoire changea de parti, et les ennemis de Charles furent mis en déroute à leur tour. Conradin, son ami Frédéric et leurs principaux chefs, qui s'étaient désarmés et assis sur l'herbe dans un vallon pour se reposer, furent très-surpris à la vue inopinée des gens d'armes; ils firent d'inutiles efforts pour rallier leurs troupes, il leur fallut prendre eux-mêmes précipitamment la fuite. Les Français firent un grand carnage et une multitude de prisonniers. Cela se passait le 23 août 1268. Pour la seconde fois vainqueur, Charles fonda dans la plaine même de Tagliacozzo une riche abbaye sous le nom de *Notre-Dame-des-Victoires*, abbaye qui devint par la suite l'une des plus considérables du royaume.

Cependant la mort ou la prise de Conradin et des autres chefs manquait encore au succès du roi; mais la Providence allait exécuter par les mains de ce prince sanguinaire un de ces décrets dont les hommes ne connaîtront qu'au dernier jour la secrète et divine raison. Conradin et Frédéric, après avoir erré pendant quelques jours sur les montagnes, déguisés en paysans, se réfugièrent sur les bords de la mer, au château d'Astura, dans le dessein de gagner Pise ou la Sicile sur quelque barque. Les Frangipani, seigneurs de ce château, leur en ôtèrent les moyens, et les livrèrent au roi Charles, qui récompensa cette trahison par le don de plusieurs terres. On raconte ce fait de diverses manières, mais elles prouvent toutes la lâcheté des Frangipani. Ainsi la fortune, renversant le brave et malheureux Conradin, le livra entre les mains de son ennemi et remit en même temps tout le royaume sous les lois de Charles.

La clémence n'était la vertu favorite ni de Charles ni de son siècle. Par ses ordres, des échafauds furent dressés, et tous ceux qu'il soupçonnait d'être attachés à son rival, coupables ou innocents, y périrent sous le fer des bourreaux; le sang ruissela dans la Sicile entière. Il ne restait plus de victimes que les illustres

prisonniers ; ils furent enfermés dans un des châteaux de Naples.
Ils y restèrent pendant près d'un an et n'en sortirent que pour
aller aussi à l'échafaud. Ils furent condamnés à mort par une sentence qu'eurent l'indignité de rendre des commissaires vendus aux
volontés et à l'argent de Charles ; et , non content d'ôter la vie à
ces deux héros , que leur jeune âge et le spectacle de leur amitié
sublime auraient dû protéger contre des tigres mêmes , le frère de
saint Louis voulut les flétrir par une ignominieuse sentence qui
les déclarait criminels de lèse-majesté , perturbateurs du repos public , rebelles et *ennemis de l'Eglise !* mais toutes ces formalités ,
tous ces prétextes , toutes ces calomnies , n'en ont point imposé à
la postérité , et la mémoire de Charles n'en sera pas moins éternellement chargée de l'atrocité de ces assassinats prétendus juri-
diques.

Elisabeth offrit des sommes immenses pour sauver les jours
de son fils. Charles fut inexorable ; il aimait passionnément l'argent , mais il lui fallait du sang. Cette scène cruelle se passa à
Naples , le 26 octobre 1269 , pendant la vacance du Saint-Siége.
Après qu'on eut fait confesser les deux jeunes princes et tous ceux
qui devaient périr avec eux , après les avoir fait assister à l'office
et à la messe des morts , dans une chapelle tendue de noir , et
leur avoir fait encore essuyer toutes les longueurs d'une prédication pleine d'invectives et d'anathèmes , ils furent conduits sur
la place du Vieux-Marché , où Robert de Bari , grand protonotaire
du royaume , lâche traître qui avait eu la grande part à cette pro-
cédure , lut aux deux victimes leur sentence de mort. Alors se
passa l'un des drames les plus émouvants de l'histoire , drame
qu'il est impossible de lire sans que le cœur batte plus fort ,
sans que l'indignation circule comme un feu dans les veines.

Si le duc d'Autriche , ce fidèle compagnon de ses malheurs ,
donna au roi Conradin , jusqu'au dernier moment , les plus sensibles marques de son amitié , le jeune roi lui rendit à son tour ,
dans cette heure si triste , des preuves bien touchantes de la
sienne , de sa reconnaissance et de la sensibilité de son cœur ;
elles firent couler les larmes de tous les assistants. On

rapporte que, plus touché de la mort de son ami que de la sienne propre, l'infortuné Conradin prit dans ses mains la tête de Frédéric, séparée du tronc, la baisa tendrement, l'arrosa de ses pleurs, se plaignant de n'avoir pu récompenser ses services et que son amitié pour lui n'eût servi qu'à le conduire à une fin si tragique. Digne exemple de constance, de grandeur d'âme et d'amitié! Tant de jeunesse, de bonté, d'élévation, d'innocence et de grâces ne purent désarmer ses bourreaux, ni Charles d'Anjou, plus farouche que les bourreaux.

Conradin harangua quelque temps les spectateurs, pour leur faire sentir son innocence et la justice de sa cause. Après avoir reproché à ses sujets leur ingratitude et l'abandon qu'ils faisaient de sa personne et de sa maison, il déclara qu'il faisait héritier de tous ses droits au royaume de Sicile Pierre d'Aragon, qui avait épousé sa cousine; en signe de quoi il jeta son gant dans la place, pour gage d'investiture. Un chevalier le ramassa et le porta à Pierre d'Aragon. Les dernières paroles de Conradin furent pour celle qui l'avait tant aimé : « Ah! ma mère, que la nouvelle de ma mort va vous causer de chagrin! » Il présenta ensuite courageusement sa tête au fer du bourreau, qui la trancha d'un seul coup, et qui coupa ainsi la trame de deux princes, l'unique espérance de deux des plus illustres maisons qui fussent dans le monde, celle de Souabe et celle des anciens ducs d'Autriche, éteintes en un seul jour. Le jeune Conradin n'était âgé que de dix-sept ans lors de cette horreur.

Cette exécution maudite fut suivie de celle de dix-huit des principaux seigneurs du royaume, parmi lesquels était ce comte Jourdan, ami de Mainfroi, dont nous avons parlé; ils furent décapités ou pendus. On prétend que le cruel Charles, digne émule d'Henri VI, poussa l'inhumanité jusqu'à vouloir être témoin de cette scène affreuse, qu'il la vit d'une tour voisine, et que plus de mille personnes périrent du dernier supplice en divers endroits pour avoir embrassé le parti de Conradin. Le sang coula longtemps dans le royaume ; l'appareil effrayant des haches et des potences y fut longtemps étalé ; peu de maisons restèrent à l'abri des recherches, et les innocents furent confondus avec les coupables, jusque-là qu'on vit mourir des hommes pour avoir plaint Conradin.

La mort de ce jeune et infortuné roi fut un coup de foudre pour sa mère. Sur le refus qu'elle avait essuyé de Charles, espérant que sa présence le fléchirait peut-être, elle s'était, pauvre mère ! embarquée avec des sommes capables de tenter l'avarice de son ennemi, et elle venait éplorée, dans le dessein de sauver la vie à ce cher fils, lorsqu'elle apprit en chemin qu'elle arriverait trop tard pour prévenir ce coup funeste. Pleine de sa douleur, elle fit aussitôt changer les pavillons, les cordages et les voiles ; elle leur en substitua de noirs, et aborda dans cet équipage lugubre à Naples, où elle fut reçue par l'archevêque. Elle essaya inutilement d'obtenir du roi la permission de faire élever à son fils un mausolée dans l'endroit même de son exécution ou ailleurs à sa volonté. Cette triste consolation, bien faible dédommagement d'une si grande perte, lui fut même refusée ; et toute la grâce qu'elle obtint, ce fut de pouvoir transporter le corps sous l'autel de la chapelle de Sainte-Marie des Carmes, voisine du Vieux-Marché. Ce ne fut que plus tard qu'elle y put prodiguer ses trésors et faire, en l'honneur de son fils, de cette chapelle une église resplendissante de marbre et de richesses. Quant aux corps des malheureux compagnons de son supplice, ils restèrent quelque temps exposés sur la place, le roi ne voulant point qu'on les inhumât en terre sainte, parce qu'ils étaient, disait-il, excommuniés. Enfin il consentit qu'on allât les enterrer près de la mer, dans un endroit où le roi Charles II, son fils, fit bâtir depuis un couvent de Carmes, peut-être en expiation de tant d'horreurs et de cruautés.

L'Italie et l'Allemagne apprirent en frémissant l'exécution de Conradin et de Frédéric ; cette affreuse nouvelle remplit toute l'Europe de surprise et d'indignation ; tout retentit d'imprécations contre l'inhumanité de Charles. Ceux qui en témoignèrent le plus d'horreur, hâtons-nous de le dire, furent la plupart des seigneurs français qu'il avait à sa cour. Ces généreux chevaliers sentirent, en gémissant, que sa cruauté dans cette circonstance déshonorait toute

la nation, sur laquelle la honte en rejaillissait. Ils ne purent s'empêcher de verser des pleurs, en voyant couler le sang de ces
illustres victimes, et de taxer le roi de barbarie ; ils dirent hautement que son procédé était contraire à toutes les lois de l'honneur,
de la guerre et de la chevalerie. C'était le commencement de sa
punition. Il s'en préparait une autre.

Si Conradin avait lavé dans son sang, innocente victime, les
crimes et les cruautés de la maison de Souabe, de Henri VI en
particulier, contre la famille de Tancrède, dernier roi normand,
il était juste que Charles fût châtié à son tour pour l'exécrable
attentat qu'il venait de commettre. Il le fut.

IX

Les Vêpres siciliennes

Il est temps de revenir à la Sicile, d'où nous avons détourné un instant les yeux pour nous occuper de l'intronisation de la maison d'Anjou. Eloignée du théâtre de ces dernières luttes, l'île n'en ressentit guère, tant qu'elles durèrent, qu'un faible contre-coup. Il était évident néanmoins qu'on s'y fatiguait des conquêtes et des invasions étrangères. La conduite de Charles et de ses envoyés, après la victoire de Tagliacozzo, quand il n'eut plus rien à craindre d'un compétiteur immolé, n'était pas de nature à affaiblir ce sentiment. On va en juger.

Charles d'Anjou, que plusieurs historiens, surtout les historiens français, nous représentent comme doué des plus grandes qualités et l'un des héros de son siècle, brave jusqu'à l'intrépidité, libéral, généreux avec ses amis, n'avait pas assurément les qualités de l'homme de cœur, pour ne point parler de celles du chrétien. Ce n'était pas un tel prince qui eût pu guérir les longues plaies de ce malheureux pays, dont il venait de ramasser la couronne sur un cadavre encore chaud. Les Siciliens n'hésitent pas à assurer que Mainfroi eût cent fois mieux valu pour eux; nous croyons qu'ils ont raison. En effet, le peuple se vit tourmenté, écrasé sous les impôts, foulé aux pieds par le roi et par ses ministres; en butte aux exactions et à la tyrannie de ces derniers, il gémissait sous un joug de fer, tandis que l'avidité d'une foule d'étrangers, favoris du monarque, le dépouillait de ses biens, l'outrageait dans sa personne et dans son honneur, et commettait impunément toutes sortes d'excès et d'injustices. Le sang ruisselait ; les potences, les échafauds se dressaient dans la plupart des villes du royaume, et chaque famille, pour ainsi dire, demeurait plongée dans le deuil et la consternation. Celui qui seul aurait pu mettre fin à tant de désordres les voyait d'un œil insensible ; ou plutôt, renfermé dans ses châteaux, il ne les voyait point, il ne les voulait point voir. Enorgueilli par sa prospérité et par ses victoires, tranquille au fond de son palais, invisible, caché comme les princes ottomans, inaccessible aux regards et aux plaintes de ses sujets opprimés, environné de courtisans et de vils flatteurs, il ne songeait qu'à remplir ses coffres aux dépens de la nation et à jouir en repos, dans le sein de l'abondance et de l'oisiveté, du plaisir de porter le sceptre. On crut voir renaître le règne de fer de Guillaume i et le règne de sang du cruel Henri vi, tous deux l'objet de la haine publique. Mais le terme de cette insolente prospérité était venu ; les *Vêpres siciliennes*, que nous avons à raconter, à expliquer et non point à justifier, devaient être la première et la plus éclatante vengeance pour tant d'iniquités.

Plus éloignée du trône depuis que Palerme avait cessé d'être la capitale du royaume, la Sicile était aussi plus exposée maintenant à l'oppression, aux exactions et aux injustices de toute nature des commandants que le roi y avait envoyés. Depuis longtemps elle s'était vue forcée de faire parvenir ses cris jusqu'à lui, soit par ses députés, soit par le canal des souverains pontifes, dont elle réclamait l'assistance et l'intervention. Ses infortunés habitants avaient fait exposer, dans le dernier concile tenu à Lyon, le tableau déplorable de leurs misères, de l'état d'avilissement et de souffrance où ils étaient réduits. Grégoire x et les papes ses prédécesseurs, fidèles à leur mission de charité, avaient fait prier le roi par leurs légats de changer de conduite à l'égard de ses peuples et de prévenir une révolte qui paraissait inévitable. Charles, occupé d'autres affaires plus importantes suivant lui, n'avait voulu écouter aucune remontrance à cet égard, et ses sujets n'avaient obtenu aucune satisfaction. Il était temps qu'ils songeassent à mettre fin à tant de malheurs, et que l'humanité outragée entre-

prît de défendre et de venger ses droits contre la tyrannie étrangère. Pourquoi ne s'arrêta-t-on pas à une autre pensée qu'à celle
d'un crime ? Hélas ! la vue du sang répandu journellement depuis
un siècle sur toutes les places de la Sicile avait accoutumé le
peuple au carnage ; au fond de son cœur s'était amassé un trésor
de colère dont l'explosion, longtemps contenue, devait être épouvantable un jour.

Jean de Procida, seigneur de la petite île de ce nom près de
Naples, homme courageux, d'un esprit entreprenant et hardi, rusé,
fécond en intrigues et en ressources, sut profiter habilement de ces
dispositions. Il fut l'âme et le secret ressort d'une vaste conspiration
qui enveloppa comme d'un réseau caché la Sicile tout entière.
Cet homme avait eu à se plaindre du gouvernement des Français,
qui l'avaient banni à cause de son attachement pour les princes de
la maison de Souabe, auprès desquels il avait été en faveur ; il
s'était retiré auprès de l'empereur d'Orient Michel Paléologue,
puis auprès de Pierre d'Aragon, à la cour duquel il avait trouvé un
asile. Il rappela à celui-ci les droits que lui donnaient sur la Sicile
la princesse Frédéric II, et surtout la dernière volonté du roi légitime décapité à Naples, et il le sollicita fortement de ne pas laisser
plus longtemps entre les mains de Charles un royaume qui lui appartenait à tant de titres, s'offrant d'ailleurs lui-même à tout préparer pour lui faciliter les voies.

Pierre ayant approuvé son entreprise, Procida se rendit à Rome,
déguisé en moine, auprès du pape Nicolas III, que la conduite
de Charles indignait, lui apprit tout ce qui se tramait contre ce
prince, sans lui révéler les moyens sanglants qui avaient été résolus, et le supplia d'appuyer ce complot de tout son pouvoir et
de promettre l'investiture du royaume au roi d'Aragon. On ne sait
pas bien précisément ce à quoi le pontife s'engagea à cet égard.
Quoi qu'il en soit, l'infatigable conspirateur se rendit ensuite en
Sicile sous le même déguisement, et mit quantité de manœuvres en
usage pour préparer sourdement les esprits à la révolte. Il parcou-
rait les villages, les fermes, les bourgades et les villes, sondant
partout les esprits, faisant un appel énergique à la nationalité du

peuple, excitant les tièdes, initiant à tout les plus capables, et nouant chaque jour plus étroitement les nœuds du filet qui allait étreindre les oppresseurs. Il lui fallut plusieurs années pour accomplir cette laborieuse et périlleuse mission, chef-d'œuvre de patience, de ruse, de discrétion de tout un peuple. Enfin, toutes les mesures ayant été prises, cette fameuse conspiration éclata le jour de Pâques, 29 mars 1282.

Au moment où l'on se rendait aux vêpres, un Français, de ceux qui étaient le plus accoutumés à la licence, insulta dans la rue une dame de qualité qui passait auprès de lui. Ce fut le signal. Le peuple prit les armes, se répandit dans les carrefours, dans les maisons, dans les palais même, et massacra tous les Français qui étaient dans Palerme, sans épargner les enfants ni les femmes, même celles du pays qui étaient mariées à ces étrangers, tant était grande l'exécration qu'on avait pour le nom français, depuis que des brigands en avaient souillé l'antique honneur sur ces plages éloignées. C'est ce fameux massacre qui est connu dans l'histoire sous le titre de *Vêpres siciliennes*. Dès que l'on apprit dans les autres villes ce qui s'était passé à Palerme, on y suivit l'exemple de la capitale ; tout ce qui s'y trouva de Français y périt. Un seul homme de cette nation, nommé Guillaume de Porcelet, gentilhomme provençal et gouverneur de Calafatimi, fut respecté des meurtriers à cause de sa vertu et de sa probité, généralement connues et estimées. Ils lui donnèrent un bâtiment pour s'en retourner dans sa patrie. Tout le reste fut immolé à la vengeance des Siciliens, sans, dit-on, qu'il leur échappât une seule victime. On assure qu'il périt environ huit mille Français dans cette occasion ; quelques auteurs réduisent ce nombre à trois mille, et il est bien à souhaiter qu'ils soient dans le vrai.

Au reste, le souvenir des *Vêpres siciliennes* est vivant encore en Sicile. On les y cite avec orgueil comme le plus beau fait d'armes du moyen âge ; on en invoque la mémoire avec le même enthousiasme que les Anglais mettent à chanter Alfred le Grand, les Écossais Robert Bruce, les Français Jeanne d'Arc, les Espagnols le Cid. Nous les avons entendus nous-mêmes, dans leur dernière révolution, en 1848, exciter par ce souvenir les populations à se lever contre Naples et à se montrer dignes de leurs pères.

Les vêpres ont sonné, marchons à l'ennemi !

dit l'hymne national dont retentissait alors l'île tout entière. Fait exécrable cependant, que la conscience universelle repousse ; car l'assassinat est toujours l'assassinat, et il n'est pas plus permis aux nations qu'aux individus. Du moins comprend-on qu'à cette époque de mœurs brutales et d'habitudes sanguinaires un peuple décimé par la plus constante et la plus horrible persécution ait oublié que les moyens de s'en délivrer ne sont pas tous légitimes et louables. La longue patience des Siciliens montrent que leurs maux s'étaient faits extrêmes, puisqu'ils se laissèrent aller enfin à un tel emportement, que rien jusque-là ni depuis n'aurait fait redouter d'eux.

Charles d'Anjou était le plus violent et le plus impérieux des hommes. Il entra en fureur lorsqu'on lui apporta la nouvelle de cette boucherie à Montefiascone, où il était pour lors avec le pape. Il fut quelque temps sans pouvoir ouvrir la bouche, tant il était agité de colère, se contentant de dénoter ce qui se passait dans son intérieur par quelques mouvements convulsifs qui lui firent porter à la bouche une canne à bec qu'il tenait ordinairement à la main ; il la mordit plusieurs fois, jetant çà et là des regards égarés. Enfin, quand il fut revenu à lui-même, il jura qu'il allait couvrir la Sicile de sang et de cendres et donner un exemple qui ferait trembler l'avenir. Il fit à l'instant équiper une flotte formidable, et, ayant rassemblé en peu de temps une armée nombreuse, il passa le détroit et alla mettre le siége devant Messine, qui avait été la ville la plus acharnée contre les Français. Il la réduisit à de si grandes extrémités, que ses habitants, craignant les suites de son ressentiment, demandèrent à capituler avec l'intercession du légat du pape. Mais Charles voulut leur imposer des conditions si dures, que, réduits au désespoir, ils protestèrent aimer mieux s'ensevelir, eux, leurs femmes et leurs enfants, sous les décombres de leurs murailles, que de se rendre à celui qui tuait ses prisonniers. L'inflexibilité de ce prince renversa toutes ses espérances et lui fit perdre les moyens qu'il pouvait avoir de réduire les rebelles et de faire rentrer la Sicile sous son joug.

Depuis ce moment, comme si Dieu eût voulu montrer sa main vengeresse poursuivant cet homme que les exemples de saint Louis n'avaient point amené à pratiquer les prescriptions évangéliques à l'égard de ses peuples, ses affaires allèrent toujours en déclinant, et les trois dernières années de sa vie ne furent plus qu'un enchaînement de revers. Il continua de presser vivement le siége de Messine. Pendant ce temps, Pierre d'Aragon ne restait pas inactif. Fort du legs de Conradin, il avait fait voile vers Trapani, où il aborda dès le 10 août de la même année 1282. Il partit trois jours après pour Palerme, où il fut reçu avec les plus grandes démonstrations de joie par les habitants, qui le regardaient comme leur sauveur dans un moment si critique, et qui sentaient revivre en lui les droits de cette maison de Souabe dont ils avaient beaucoup souffert, mais dont l'échafaud de Conradin avait lavé pour eux toutes les fautes. Il fut couronné roi de Sicile dans la cathédrale. Son premier soin fut ensuite de courir au secours de Messine. Cette ville se voyait réduite aux dernières extrémités ; l'arrivée de Pierre la sauva ; car le roi Charles, ayant appris que Loria, amiral du roi d'Aragon, avait pris le chemin du détroit pour s'en rendre maître, enlever ses vaisseaux et lui couper le retour dans ses états d'Italie, jugea à propos de se retirer précipitamment. Encore ne put-il le faire assez à temps pour échapper entièrement à Loria : l'amiral s'empara de vingt-neuf de ses vaisseaux et en brûla trente autres désarmés, presque à la vue de ce prince, qui jetait des cris de douleur et de rage.

Accablé par tant de maux qu'il n'avait pas la force de supporter, Charles écrivit à son ennemi une lettre pleine d'invectives et d'injures pour lui reprocher ce qu'il osait appeler son usurpation. Pierre lui répondit à peu près sur le même ton, et n'en continua pas moins à s'avancer en Calabre, après avoir franchi le détroit. Il menaçait d'envahir jusqu'à Naples, lorsque le prince de Salerne, fils du roi Charles, revint de France, où il était allé chercher du secours, à la tête d'une puissante armée. Les Aragonais se hâtèrent de rentrer dans l'île à cette nouvelle. Aussi rusé que brave, le nouveau roi de Sicile sentit bien qu'il n'était pas en état de tenir tête aux forces de Charles, qui viendraient infailliblement à bout de l'opprimer. Il eut recours à l'artifice pour lui faire perdre le temps favorable d'entrer en campagne, ainsi que pour ralentir l'ardeur de ses nouvelles troupes, que les chaleurs du midi ne tarderaient guère à abattre. Sachant donc que ce prince se piquait beaucoup plus de bravoure que de politique, il lui fit demander une trève, et lui proposa de vider leur querelle seul à seul, les armes à la main, sous prétexte d'épargner le sang de leurs sujets. Charles, qui brûlait de se venger de son ennemi, accepta la proposition : Bordeaux fut choisi pour le lieu de ce combat; les conditions en furent dressées, toutes les mesures nécessaires furent prises de part et d'autre, et le jour en fut fixé au 1er juin 1283. Ainsi Pierre trouva le secret d'amuser longtemps son adversaire par l'espoir de ce duel, qui ne devait jamais avoir lieu et qui n'eut point lieu en effet. Charles se trouva seul au jour indiqué, au lieu du rendez-vous; mais il fut obligé de s'en retourner sans pouvoir joindre l'Aragonais, qui, plus avisé et moins jaloux de sa parole que son rival, n'avait point envie d'exposer un royaume au hasard d'un combat. Pour se consoler d'avoir été sa dupe, Charles ne manqua pas de publier que Pierre était un lâche, indigne de porter le sceptre.

Pendant ce temps-là, l'actif amiral Loria s'emparait de l'île de Malte au nom de la Sicile et de Pierre d'Aragon, et prenait avec sa flotte victorieuse le chemin de Naples, pour faire une tentative sur cette ville en l'absence du roi Charles. Il fit de grands ravages dans le port, s'empara de plusieurs bâtiments et mit tous ses efforts à exciter au combat les officiers de l'ennemi de son maître. Il n'en fallait pas tant pour animer l'ardeur du prince de Salerne, jeune homme plus brave qu'expérimenté, que son père avait laissé pour commander dans la capitale en son absence. Charles lui avait mandé de s'y tenir tranquille et de ne rien entreprendre en fait

d'hostilités ; mais Loria , qui tenait la mer, avait intercepté cet
ordre. En sorte que le prince , ne pouvant plus soutenir ses bra-
vades , fit armer aussitôt 70 galères et sortit avec cette flotte pour
attaquer les Aragonais. Loria feignit de prendre la fuite et fit
donner les Français dans le piége : car, s'étant retourné pour leur
faire tête en pleine mer, il les mit en déroute, et prit 42 de leurs
galères, notamment celle que montait le prince de Salerne, qui
fut obligé de se rendre. Loria vainqueur se présenta devant Naples , où il essaya d'exciter un mouvement contre Charles d'Anjou.
N'ayant pu y réussir, il voulut du moins tirer de sa victoire un
parti que dictait l'humanité et dont la pensée suffirait pour honorer
dans l'histoire cet habile général. Il entra dans le port bannière au
vent, et déclara qu'il allait sur-le-champ faire trancher la tête au
fils du roi, si on ne lui remettait la princesse Béatrix , fille de
Mainfroi, qui était depuis longtemps détenue prisonnière dans
le château de l'Œuf, où sa mère et son frère étaient morts de
faim ou de poison. On trembla pour les jours du prince, et Béatrix
fut aussitôt remise aux Aragonais.

Le prince de Salerne fut enchaîné et enfermé dans le château de
Mattagrifone, où on le traita durement pendant tout le temps de sa
captivité. Cependant la reine Constance, qui commandait en Sicile
pour le roi son mari, donna au roi Charles , à son occasion , un
insigne exemple de clémence ou au moins de modération politique.
Elle refusa obstinément la mort de ce prince aux sollicitations
pressantes des députés et syndics des villes de Sicile , qui demandaient à grands cris son supplice par représailles de la cruauté
exercée par son père envers l'infortuné Conradin. La généreuse
résistance de Constance sauva ce jeune prince, digne d'un meilleur
sort ; il ne faut pas le confondre avec son cruel père. Il fut envoyé depuis prisonnier en Catalogne, et n'obtint sa liberté qu'en
1288 , plus de quatre ans après la mort de son père [1].

---

[1] Ce fut son fils, le jeune Louis, qui vint s'enfermer à sa place en Catalogne
comme otage. Louis, touché de la grâce de Dieu, renonça entièrement au monde,
et quand il recouvra sa liberté, en 1294 , il entra dans un ordre religieux, fut
élu évêque de Toulouse, et a été mis depuis au nombre des saints honorés par
l'Eglise.

Celui-ci était arrivé quatre jours après la victoire des Aragonais. Les malheurs n'avaient point adouci cette nature féroce qui déshonora le sang des rois de France. Charles, en apprenant que Naples avait été sur le point de se soulever, entra dans une de ses colères habituelles, et il fallut, avant tout, pour l'assouvir, que cent cinquante des plus compromis fussent pendus ; en outre, il permit à ses troupes de vivre à discrétion dans la ville comme si elle eût été prise d'assaut. C'est pourtant là cet homme que des historiens sans pudeur ont osé décorer du titre de *Défenseur de l'Eglise*, parce qu'il combattit quelques ennemis temporels du Saint-Siége. L'Eglise, Dieu merci, n'a pas besoin de pareils protecteurs ; la religion et la conscience les maudissent à la fois comme des fléaux et des monstres, quelles que soient d'ailleurs les qualités personnelles que la Providence leur a départies, qualités qu'ils ont su tourner contre leurs frères et par conséquent contre Dieu.

La justice divine poursuivait le meurtrier. Partout Charles éprouvait des revers. Une flotte envoyée pour tenter de recouvrer l'île de Malte fut encore défaite par le redoutable Loria, qui s'empara de treize bâtiments napolitains. Plus outré que découragé, Charles se proposait d'aller former encore une fois le siége de Messine, lorsqu'il en fut détourné par la menace que les Messinais lui firent de tuer son fils s'il mettait le pied en Sicile. Effrayé, il se contenta d'aller former le siége de Reggio en Calabre, en face de Messine. La vigoureuse résistance des habitants et de la garnison aragonaise l'obligea de le lever, quoiqu'il fût à la tête d'une armée considérable. Malheureux partout, accablé de chagrins et d'ennuis, succombant au poids de ses revers (les gens cruels n'ont jamais ni fermeté ni cœur), consumé par le désespoir qui le rongeait intérieurement, ce prince ne survécut pas longtemps à ce dernier échec. Il fut attaqué d'une fièvre ardente en allant de Naples à Brindes, et il mourut à Toggia, ville de la Calabre, le 7 février 1285. Son fils Charles II, encore captif, lui succéda dans ses états de terre ferme, pendant que la maison d'Aragon se maintenait en possession de la Sicile. Nous n'avons plus à nous occuper ici de Naples ni de ses rois, tant qu'ils ne règnent pas sur l'île ; toutefois nous devons dire en quelques mots que rarement on vit un prince plus loyal, plus généreux, plus véritablement religieux, plus aimé de ses peuples, que le fut Charles II. Naples lui doit une partie de ses meilleurs embellissements, notamment le fort Saint-Elme, qui fut achevé par son fils Robert.

LE MASSACRE DES FRANÇAIS (VÊPRES SICILIENNES).

X

La maison d'Aragon

Pierre d'Aragon , qui n'avait sur la Sicile d'autres droits que ceux de la conquête, n'était pas, à beaucoup près, un prince aussi estimable que l'ont voulu faire ses partisans. L'histoire lui reproche une grande dissimulation et assez peu de respect pour ce qui touche à la foi. Cependant il fit le bonheur de la Sicile, non point sans doute mieux que Charles ii n'aurait pu le faire, mais incontestablement d'une tout autre manière que le barbare Charles d'Anjou. Excommunié par le pape pour s'être fait couronner, et sommé de remettre la Sicile à la maison d'Anjou, il s'inquiéta peu de cette sévère sentence et ne rendit point un sceptre qu'il croyait lui appartenir légitimement. Le pape Martin iv, suivant en cela les traditions récentes de ses prédécesseurs, disposa du royaume d'Aragon comme il avait disposé du royaume de Sicile, et l'offrit au roi de France Philippe iii le Hardi, en faveur du comte de Valois, son second fils. Les états d'Espagne de Pierre furent donc envahis par les Français. Menacé à la fois sur le détroit de Messine et au pied des Pyrénées, il fit partout face au danger et conserva ses possessions à peu près intactes. Grand prince s'il eût vécu dans un meilleur siècle, et s'il avait eu le temps d'appliquer au gouvernement de ses peuples l'activité qu'il déployait dans la guerre ! Il mourut en 1285, laissant quatre fils, dont le second, le roi Jacques, eut la Sicile en partage.

Jacques, malgré les embarras de sa situation, loin de songer à descendre du trône, se fit solennellement couronner par l'évêque de

Césarée et s'affermit encore par une mémorable victoire de sa flotte commandée par le fameux Loria. La flotte de Naples devait faire une descente à Marsalla, qu'elle se flattait de surprendre à la faveur des intelligences qu'elle y avait; mais, voyant ses projets déconcertés par l'arrivée des vaisseaux siciliens qui tout à coup parurent à la hauteur de cette ville, elle prit le parti de se retirer. L'amiral Loria la poursuivit jusque dans Naples avec quarante galères, comme pour braver ses ennemis et les défier au combat. Ceux-ci l'acceptèrent, mais pour leur malheur, car les Siciliens remportèrent là un des plus grands triomphes dont il soit fait mention dans l'histoire des Deux-Siciles. Il est même vraisemblable que si Loria avait voulu profiter de ses avantages, il se serait aisément emparé de Naples. D'opprimée qu'elle avait si longtemps été, la Sicile pouvait à son tour donner des lois, et elle en donnait.

Sur ces entrefaites, le frère aîné de Jacques, qui était roi d'Aragon, étant venu à mourir, Jacques alla lui succéder, et, pour obtenir la paix avec les souverains pontifes, résolut de remettre la Sicile entre les mains du roi de Naples. Cette nouvelle consterna ses sujets. La haine qu'ils avaient conçue pour la domination française, haine fondée sur toutes les horreurs qu'ils avaient essuyées, leur fit encore envisager la même perspective pour l'avenir et les plongea dans le désespoir. Ils firent de vains efforts pour détourner le roi Jacques de les abandonner. Ce prince, touché de leurs peines et de leurs larmes, ne fit aucune difficulté de recevoir la protestation qu'ils firent faire par leurs députés et dans laquelle ils déclaraient que, puisqu'il renonçait à être leur roi, ils ne renonçaient pas au droit qu'ils avaient de se choisir un maître et un protecteur contre leurs tyrans. Ils élurent donc son frère cadet, Frédéric I, qui, après avoir hésité longuement, accepta, et fut sacré à Palerme, en 1296, par l'archevêque de cette ville, au milieu des acclamations de ses habitants : allégresse qui fut partagée par toute la Sicile. Le nouveau monarque eut la douleur, peu de temps après, de voir l'amiral Loria passer au service de Naples et combattre contre lui, aussi bien que Procida, qu'il avait maintenu dans son titre de grand chancelier. Cette défection honteuse, qui ternissait toute la gloire passée de ces deux hommes, du premier surtout, attrista Frédéric, mais sans l'abattre. Il appela à la tête de sa flotte un membre de la célèbre maison de Doria, famille génoise ; et sous ce chef valeureux les armes siciliennes conservèrent tout leur éclat. Loria, au contraire, devenu traître et parjure, ne fixa plus la victoire sous ses nouveaux étendards. Il passa en Sicile, déguisé en pêcheur, dans le dessein d'y exciter un soulèvement. Frédéric en fut averti et envoya quelques vaisseaux pour l'arrêter. Loria n'eut que le temps de se sauver, et quelques mois après alla se faire blesser et vaincre dans une affaire en Calabre.

Au reste, attaqué à la fois par les Napolitains et par son propre frère d'Aragon, Frédéric se releva aisément, par son courage et par son activité, d'une défaite considérable essuyée par sa flotte et dans laquelle il perdit près de six mille hommes et vingt-deux galères. Messine supporta cette lutte avec une énergie et un dévouement dont cette ville n'a cessé de donner l'exemple à la Sicile jusque dans ces dernières années. Noble cité dont les fastes particuliers sont aussi glorieux que ceux d'une capitale ! Aussi Frédéric récompensa-t-il cet attachement et ce zèle par quantité d'exemptions et de priviléges, ainsi que par plusieurs donations et concessions de terres. Les succès du roi le mirent en état de signer un traité honorable qui assurait la paix et qui le rendait paisible possesseur d'une couronne si longtemps disputée à sa maison, à laquelle il sut la transmettre. Boniface VIII ratifia le traité, et envoya deux légats en Sicile pour absoudre le roi et ses sujets de l'excommunication (année 1302). Frédéric convint volontiers de tenir la Sicile, comme quelques-uns de ses prédécesseurs, à titre de fief de l'Eglise romaine, de lui fournir cent hommes d'armes et de lui payer tous les ans, au jour de la Saint-Pierre, une redevance de trois mille onces d'or, sous les mêmes peines auxquelles le roi Charles I d'Anjou s'était soumis lorsqu'il avait reçu l'investiture du royaume.

Paisible possesseur de sa belle couronne, Frédéric I laissa partir pour l'Orient les troupes étrangères qui avaient défendu sa cause ;

celle-ci, bataillant contre les Turcs, lui conquirent en Grèce plusieurs duchés, notamment celui d'Athènes, et il en fit des apanages pour plusieurs de ses enfants.

Mais toute paix entre Naples et la Sicile n'a pu être solide. Celle-ci dura six ans à peine. A Charles II avait succédé son second fils Robert; c'est avec lui que Frédéric se mesura plus d'une fois. Ses invasions sur le territoire de la Calabre lui coûtèrent beaucoup; car Robert descendit à son tour dans l'île à plusieurs reprises et y causa d'affreux dégâts. Frédéric, au reste, s'était mis dans le cas d'être légitimement frappé de l'excommunication : après s'être engagé par le traité de 1302, à ce que son royaume fût réuni à Naples après sa mort, il fut assez infidèle pour faire sacrer, de son vivant, son fils Pierre II comme roi de Sicile. C'était manquer à la foi jurée. L'amour que les Siciliens lui portaient ne pouvait effacer cette tache. Aussi Robert se montra-t-il courroucé. Il envoya en Sicile son fils, le duc de Calabre, qui assiégea inutilement Palerme, et qui, pour se dédommager de ce mauvais succès, mit tout à feu et à sang dans l'île, depuis la vallée de Mazara jusqu'à Syracuse et à Messine, exerçant sa fureur tant sur les villes que sur les campagnes, sur les grains, les vignes, les oliviers et tous les arbres fruitiers, qui furent brûlés, détruits ou arrachés. Robert ne borna pas là sa vengeance, et pendant plusieurs des années suivantes il fit faire de pareilles descentes en Sicile, accompagnées des mêmes ravages, ayant soin de choisir toujours les temps où les blés n'étaient pas encore moissonnés. Tout cela entretenait entre les deux peuples une aversion et une haine que rien n'a pu adoucir encore et qui subsiste aujourd'hui presque aussi vivace qu'au XIVe siècle.

Tous ces ravages ne purent ébranler l'inflexible Frédéric, qui ne voulut point faire la paix aux conditions désavantageuses que le pape et le roi de Naples lui proposaient, quelques mouvements que Jacques, roi d'Aragon, son frère, se donnât pour l'engager à s'y soumettre. Bien loin de vouloir rendre la Sicile au roi de Naples et accepter la Sardaigne ou autres équivalents qu'on lui offrait en dédommagement de cette cession, il déclara qu'il per-

sistait dans la ferme résolution de garder ce royaume, de le rendre
héréditaire dans sa famille et d'affermir la couronne sur la tête de
son fils Pierre. Pour donner plus de poids à ses déclarations, il
s'unit avec l'empereur Louis de Bavière, qui avait à se venger des
princes d'Italie et qui lui accorda des secours. Frédéric, à la tête
de quarante ou cinquante vaisseaux, porta à son tour la désolation,
le fer et la flamme sur toute la côte de Gaëte et d'Ischia. Parvenu
à Astur, à soixante kilomètres de Rome, il détruisit cette ville,
pour la punir d'avoir osé arrêter le roi Conradin. Cette expédition
n'eut pas d'autre résultat que de faire craindre le roi qui se dé-
fendait ainsi ; en sorte que quand il mourut, en 1337, son fils
Pierre ii n'eut aucune difficulté à lui succéder.

Ce n'est pas que le souverain pontife ne lui eût enjoint de restituer la Sicile au roi de Naples dans le terme de deux mois ; mais,
peu touchés de remontrances qu'ils crurent contraires à leurs intérêts, le roi et les Siciliens se laissèrent excommunier par deux
bulles successives. L'excommunication, peine suprême de la
religion, était alors si souvent appliquée, qu'elle n'inspirait plus
la légitime terreur qu'elle doit exercer toujours dans un cœur
chrétien.

Pierre ne régna que cinq ans et eut, en 1342, son fils Louis
pour successeur. Comme le royaume était encore en interdit, ni
l'archevêque de Palerme ni aucun autre évêque de Sicile ne voulut
sacrer le nouveau monarque. La cérémonie fut donc faite par
l'évêque d'Andrinople, qui se trouvait pour lors à Palerme. Louis
étant mineur, son oncle Jean fut déclaré régent, et cet excellent
prince se hâta de négocier avec les Napolitains pour régulariser
enfin la situation de la Sicile, situation doublement malheureuse,
au point de vue religieux comme à celui de la politique. La paix
fut rétablie aux conditions de 1302, moins la clause du retour de
la Sicile à Naples ; l'interdit ecclésiastique fut levé, et le royaume
put se reposer quelque temps des maux dont il avait eu à gémir.
Nous ne détaillerons pas les troubles civils excités par les grands,
les malheurs que causa deux fois la peste apportée d'Orient à
Messine, les tentatives que les Napolitains, malgré le traité, firent

sur l'île qu'ils ne pouvaient se décider à abandonner. Il nous suffira de marquer que la pacification sérieuse entre les deux puissances n'eut lieu qu'en 1372, sous le roi Frédéric II, frère et successeur de Louis, qui mourut sans enfants. Une bulle en date du 27 août 1372 consacre ce rapprochement et en garantit le maintien.

Pour Frédéric, il mourut peu après à Messine, en 1377, âgé de trente-six ans, après en avoir régné vingt-deux, si toutefois on peut donner le nom de règne à une administration orageuse dont les villes et les grands méprisaient l'autorité, au point que les seigneurs prenaient pour eux ou donnaient le gouvernement des places et les autres dignités et emplois de l'Etat, sans même consulter le faible souverain. On raconte même qu'en 1371 le comte de Vintimille chassa le gouverneur de Trapani et donna la place à son propre frère. Frédéric en ayant témoigné quelque mécontentement, le comte, outré que le roi n'approuvât pas ce que les deux frères avaient conclu sans sa participation, donna un coup de poignard au roi. La blessure heureusement ne fut pas mortelle, parce que Frédéric para en partie le coup; mais cet attentat resta impuni.

Marie, fille de Frédéric, monta sur le trône après lui (1377) et l'occupa jusqu'en 1402. Après elle régna Martin I jusqu'en 1409, et ensuite Martin II, qui parut à peine pendant la seule année de son règne.

Ce fut alors Ferdinand de Castille, neveu du dernier roi d'Aragon, qui ceignit le diadème de Sicile, étant déjà roi d'Aragon et de Valence. Ce prince gouverna par des vices-rois. Il avait la réputation d'un génie élevé, d'un grand courage; il était recommandable par sa justice, sa générosité et la protection qu'il accorda toujours aux savants. Il mourut en Aragon en 1416.

Son fils Alphonse I succéda à tous ses états, et la Sicile continua à être administrée par des vice-rois. Toutefois, ce prince y alla lui-même en 1420, fit son entrée à Palerme le 21 février, reçut l'hommage des Siciliens et jura de conserver les priviléges du royaume.

XI

Alphonse le Magnanime

Alphonse v, déjà roi de Sicile et d'Aragon du chef de son père,
avait en outre été désigné par Jeanne ii , reine de Naples , pour
son héritier. Forcé de faire la conquête de cet héritage, il réussit
dans l'entreprise et réunit ainsi pour la seconde fois les deux
royaumes de Sicile et de Naples, séparés depuis cent soixante ans.
Voulant se montrer avec magnificence à ses nouveaux sujets,
Alphonse avait fait une superbe entrée dans Naples; les historiens
la comparent aux triomphes des anciens Romains. Le prince était
assis sur un char découvert, tout éclatant d'or, tiré par quatre
beaux chevaux blancs dont les harnais étaient garnis de franges
et de broderies d'or. Le clergé des paroisses et celui des communautés religieuses s'avançaient devant lui en procession; les
grands du royaume marchaient à pied, aux deux côtés du char,
qui était suivi du reste de la noblesse. Les rues étaient tendues de
riches tapisseries et jonchées de fleurs , et l'air était embaumé par
la vapeur de l'encens et des parfums que l'on brûlait de tous côtés.
Ce prince affectionna particulièrement le royaume de Naples, dont
l'admirable climat l'enthousiasmait; il s'appliqua à le rendre florissant , préférablement à ses autres domaines, en y fixant son
séjour , en réformant les abus que les guerres y avaient introduits,
en y rétablissant le bon ordre, en veillant avec un soin paternel à
l'administration de la justice, en y instituant un tribunal si élevé ,
qu'on y devait porter par voie d'appel non-seulement les procès
qui se jugeaient dans les différentes provinces du royaume , mais

ARC DE TRIOMPHE D'ALPHONSE D'ARAGON DANS LE CASTEL-NUOVO, A NAPLES

généralement tous ceux qui s'élevaient dans la vaste étendue des pays soumis à sa domination ; enfin en y appelant les artistes et les savants , qu'il combla de biens. Ce zèle , joint aux grandes qualités qui d'ailleurs le distinguaient , l'a fait surnommer le Magnanime , glorieuse qualification que l'histoire a maintenue près de son nom d'Alphonse. Naples jouit de la plus heureuse paix jusqu'à la mort de ce monarque.

Pendant tout ce temps , nous l'avons dit, la Sicile fut gouvernée par un vice-roi ou par des présidents que le vice-roi nommait à sa place lorsqu'il était absent. Une université , devenue importante depuis, fut établie dans la belle ville de Catane. Si les événements laissaient respirer un peu ces contrées si désolées naguère , les éléments se chargèrent de continuer pour elles le combat et l'épreuve. En 1456 eut lieu, pour tout le midi de l'Italie , un épouvantable tremblement de terre ; plusieurs villes furent détruites , près de cent mille personnes périrent. Le roi Alphonse donna à cette occasion un remarquable exemple de bravoure. Il entendait la messe lorsque le tremblement de terre commença à se faire sentir ; tout le monde sortit de l'église ; le prêtre même voulait quitter l'autel ; le roi seul, sans manifester aucune crainte, le retint et le pria de vouloir bien achever le saint sacrifice : ce qui fut fait.

A une valeur distinguée Alphonse joignit un fonds d'humanité capable d'immortaliser seul un prince. Il aurait souhaité de rendre tous les hommes heureux : une de ses plus grandes attentions était que personne ne sortît mécontent après l'avoir vu : lorsqu'il ne pouvait pas accorder ce qu'on lui demandait, il cherchait tous les adoucissements capables de consoler ceux qu'il se voyait obligé de punir. Il ne passa jamais un jour de sa vie sans faire du bien. Jamais il ne se vengea de ceux qui parlèrent mal de lui. Il était d'un accès facile pour tout le monde , et il exigeait que ses ministres fussent doux et affables.

Il y a des traits de lui qui font autant d'honneur au chrétien qu'au monarque. Citons-en quelques-uns. — Un courtisan , marchant un jour devant lui , leva une branche d'arbre qui vint frapper le visage d'Alphonse et lui fit beaucoup de mal ; il ne dit autre chose, sinon qu'il n'était sensible qu'à la douleur de celui qui sans le vouloir avait causé cet accident. — Un autre jour, un soldat qui avait quelque plainte à faire, arrêta le cheval du roi par la bride et lui parla avec peu de respect. Alphonse lui pardonna son insolence ; comme d'ailleurs la plainte lui parut juste, il y fit faire droit à l'instant même. — Il rencontra une fois un ânier qui était fort désolé et fort en peine pour tirer son âne d'un trou dans lequel était tombé l'animal avec sa charge de farine ; le roi descendit de cheval et lui prêta une main secourable. — Il ne voulait point de gardes, disant qu'il ne pouvait être mieux gardé que par l'amour de ses peuples. — La généreuse protection qu'Alphonse accorda aux hommes de lettres et aux savants rendit sa gloire immortelle, dans un siècle où ces sentiments étaient si peu connus. Ayant entendu citer un roi d'Espagne qui avait soutenu que c'est une chose indigne d'un prince de s'appliquer aux sciences, il prétendit qu'un pareil discours déshonore un roi et qu'un prince sans instruction n'est qu'un âne couronné. Pour lui, il avait étudié les historiens, les poëtes et les orateurs ; il était versé dans la philosophie et la théologie. Il traduisit les lettres de Sénèque en langue espagnole, et fit traduire plusieurs livres de grec en latin. Il mit tous ses soins à rassembler une belle bibliothèque, et il avait coutume de dire que les livres sont les meilleurs conseillers parce qu'ils ne flattent point.

Pour être juste cependant, nous devons mentionner aussi les ombres du tableau. Alphonse fut accusé de fatiguer trop ses peuples par des impôts ; il fut beaucoup trop amateur de ses plaisirs, bien qu'il ne leur sacrifiât point ses devoirs de souverain. C'est toujours une tache, dans un prince qui doit gouverner ses sujets autant par l'exemple que par l'autorité, de n'être pas pour eux le modèle d'une vertu constante et solide. Alphonse mourut en 1458, à l'âge de soixante-trois ans. Ce fut son frère Jean, déjà roi de Navarre, qui lui succéda dans la couronne d'Aragon et dans celle de Sicile. Naples resta à son fils Ferdinand I, et la seconde séparation entre les Deux-Siciles se trouva consommée une seconde fois pour quelques années encore.

CHARLES-QUINT

Les Siciliens virent avec plaisir le frère d'Alphonse le Magnanime, bien qu'il résidât en Espagne. Il avait été leur vice-roi, et la
douceur de son gouvernement l'avait fait chérir de tout le monde.
Du reste, il soutint pendant tout le temps de son règne, qui dura
jusqu'en 1479, la bonne opinion et les espérances qu'on avait
conçues de lui, et il peut être mis au rang des meilleurs princes de
la maison d'Aragon. Il mourut âgé de quatre-vingt-un ans.

Nous ne dirons rien de Ferdinand le Catholique, son successeur. Occupé à lutter contre les Maures d'Espagne, conquérant
d'une partie de l'Andalousie, vainqueur de Grenade et du dernier
des Abencerrages, Ferdinand, qui eut en même temps à reprendre
le royaume de Naples sur le roi de France Charles VIII qui venait
de s'en emparer comme héritier de la maison d'Anjou, s'occupa assez
peu de la Sicile. Elle vécut tranquille, attachée désormais aux
rois d'Espagne, qui la traitaient avec ménagement et qui vinrent
quelquefois s'informer par eux-mêmes de la bonne administration
de leurs lieutenants. C'est ainsi que Charles-Quint, en 1535, revenant vainqueur d'Afrique, aborda à Trapani, où il demeura
quatre jours. De là il alla passer huit jours à Montréal ; puis, le
12 septembre, il fit son entrée triomphale dans Palerme. Il fit
serment, dans la cathédrale, où l'on voit encore une inscription
gravée à cette occasion, de conserver les priviléges de la Sicile et
en particulier ceux de Palerme. L'objet de ce voyage était, il est
vrai, d'obtenir des Siciliens des subsides qu'ils ne purent lui
refuser. L'empereur alla de Palerme à Messine, où il fut reçu avec
les mêmes démonstrations de joie et d'attachement. Il y nomma
pour vice-roi, avant de partir, don Ferdinand de Gonzague, qui,
pendant son gouvernement, fit fortifier presque toutes les villes
du royaume, pour les mettre à l'abri des insultes qu'elles avaient
à craindre, surtout au midi, de la part des Sarrasins, toujours
errants sur ces côtes et y exerçant de continuels brigandages.

XII

Les Français à Messine

On était arrivé à l'année 1672. En Espagne régnait Charles ii,
en France Louis xiv le Grand. Gouvernée par ses vice-rois, dont
quelques-uns avaient parfois oublié leurs devoirs, la Sicile, quoique
tranquille, commençait à se fatiguer du joug étranger et à regretter
le temps où un roi reconnu par elle, vivant au milieu d'elle, pour
elle seule, s'honorait du diadème national et le faisait respecter
en Europe. Une révolution se préparait à ce souvenir; le signal,
comme toujours, en partit de Messine.

C'est, par excellence, la ville commerçante du royaume. Rivale
de Palerme pour la population, elle ne lui cède nullement sous le
rapport de la richesse et des monuments, et quant à l'antiquité
qui la distingue, elle lui est bien supérieure. Messine, plus indépendante ou plus favorisée, avait sauvé la plupart de ses priviléges
au milieu des invasions successives dont nous avons parlé. Alors
encore elle était gouvernée, pour les affaires civiles, par son
sénat, dont l'autorité donnait d'autant plus d'ombrage aux Espagnols, que la noblesse et le peuple, animés du même esprit, se
tenaient toujours étroitement unis aux sénateurs pour le maintien
de leur gouvernement, qu'ils prétendaient s'être conservé depuis
la domination des Romains. La cour de Madrid sut que, pour faire
cesser un tel état de choses, il fallait nouer des intelligences au
cœur même de la place; elle gagna donc, en 1672, le gouverneur
de la ville, don Louis del Hojo, qui promit de seconder les vues du
roi d'Espagne. En effet, après avoir gagné l'affection du peuple

par ses largesses, ses manières populaires, et par de grandes démonstrations de piété, il chercha à semer la discorde entre le sénat et la multitude. Pour joindre les faits aux paroles, il affama la ville en empêchant qu'il n'y arrivât des blés, et il ne manqua pas de dire que cette disette venait des grands amas de grains que les sénateurs et les riches faisaient, soit pour les vendre à l'étranger, soit pour en faire hausser le prix. C'en fut assez pour porter le peuple à mettre le feu à plusieurs maisons de sénateurs et à piller celles que la flamme épargna. Au lieu d'apaiser le désordre comme c'était son devoir, Hojo se rendit au palais, où il invectiva de nouveau les sénateurs, proposant d'abolir ce corps pour entrer sous les lois espagnoles, ce à quoi les Messinais ne consentirent point. Décidé à tout oser, le gouverneur fit dire aux sénateurs, le jour de saint Jacques, de venir le prendre chez lui pour la cavalcade qu'on devait faire, selon l'usage, en l'honneur de ce saint. Les sénateurs refusèrent d'y aller, ne voulant point paraître en public à la suite d'un homme qu'ils proclamaient ennemi de la ville. Del Hojo, irrité, aposta deux cents hommes armés, avec ordre de sortir l'épée à la main lorsque la cavalcade passerait, et de l'aider à se joindre de force à ceux qui la faisaient. Le vice-roi, qui était accouru de Palerme à la nouvelle de ces troubles dont il voulut profiter, ayant été informé d'un ordre qui pouvait changer une cérémonie religieuse en un carnage affreux, ordonna au gouverneur de se retirer à Milazzo. Mais il en revint bientôt, encouragé par la cour, à laquelle il s'était adressé. Toutes les villes de la Sicile, attentives à un conflit où le dernier reste de nationalité pouvait disparaître, s'intéressaient hautement au sort de leur aînée.

Alors le sénat envoya des ambassadeurs au vice-roi, pour demander une protection efficace contre les fureurs de Del Hojo. Les réponses des agents espagnols furent insolentes. On favoriserait le mouvement du peuple, disaient-ils, et il faudrait bien sans doute que le sénat consentît à se dissoudre. Désespérée, Messine, par l'organe de ses premiers magistrats, se déclara libre, assiégea dans son palais le nouveau gouverneur espagnol et s'en rendit maître, malgré l'artillerie du château qui ne cessait de battre la ville. Plusieurs autres forteresses furent également attaquées et emportées d'assaut. Mais bientôt, effrayés d'une action si hardie, les Messinais comprirent qu'il leur fallait un appui, et sans balancer ils se donnèrent à Louis XIV, dont la gloire était alors à son apogée. A peine cette nouvelle parvint-elle en France, que, certain des intentions du roi, qui était en guerre avec l'Espagne, le commandeur de Valbelle vola du port de Toulon à Messine, avec une escadre de six vaisseaux de guerre chargés de vivres et de munitions, avec trois brûlots et une seconde escadre, destinés à renforcer la première. En apprenant qu'un pareil secours leur arrivait, les Messinais ôtèrent le portrait du roi d'Espagne de dessous le dais où il était placé, à la porte du palais du sénat, et lorsque le commandeur parut, le sénat fit arborer partout l'étendard et les armes du roi de France ; le lendemain, on proclama ce monarque roi et souverain de Messine. On se rendit maître du château du Salvatore, que les Espagnols tenaient encore et qui menaçait perpétuellement le port. Valbelle, sans perdre de temps, donna la chasse à une flotte espagnole qui s'avançait vers Messine. Le secours de vivres qu'il avait amené étant insuffisant, il repartit pour en aller chercher de plus considérables.

Pendant son absence, les Messinais souffrirent grandement de la famine. Elle fut si grande, qu'ils se virent réduits à manger du vieux cuir et tout ce que le hasard offrait à leur faim dévorante. L'espérance seule les soutenait. Le temps n'était plus où les Français, exécrés et maudits avec Charles d'Anjou, ne rencontraient dans la cité que des poignards et la mort ; sous le nom de Louis le Grand, ils étaient invoqués en sauveurs et accueillis en pères. Les Espagnols, de leur côté, ne s'endormaient pas. Des points qu'ils occupaient aux environs, ils rétrécirent peu à peu le cercle de la révolution ; déjà plusieurs postes importants étaient repris, et profitant de l'état de la ville, ils proposèrent un accommodement au sénat. On était sur le point de l'accepter, lorsque Valbelle arriva, le 3 janvier 1675, avec une escadre abondamment chargée de vivres et de munitions de guerre et un renfort de troupes. L'air retentit d'acclamations : *Vive le roi de France, notre maître et notre libérateur !* Le peuple tomba avec fureur sur les Espagnols et reprit quelques-uns de leurs points fortifiés. Le duc de Vivonne, parti de Toulon peu après le commandeur, arrivait encore avec huit vaisseaux de guerre et trois brûlots. La flotte espagnole, qui avait été appelée sur les côtes, alla à sa rencontre, et la bataille s'engagea. Elle fut sanglante. Valbelle accourut au secours du duc de Vivonne avec trois vaisseaux. Les Espagnols furent dispersés, deux de leurs vaisseaux coulés à fond, et le duc entra triomphant dans le port de Messine. Quelque temps après, en vertu des résolutions du sénat, il reçut le serment de fidélité que les habitants prêtèrent au roi entre ses mains, comme vice-roi et représentant légitime de Sa Majesté très-chrétienne.

Cette victoire valut le bâton de maréchal de France au duc de Vivonne, qui s'en montra digne une seconde fois par la prise d'Agousta, le 17 août de la même année. Le 11 octobre suivant, Louis XIV publia un manifeste dans lequel il déclarait » qu'il n'avait, l'année précédente, accordé de secours aux Messinais que par compassion pour leur misère ; qu'il avait bien voulu, à leur prière, les recevoir au nombre de ses sujets ; que par ce nouveau titre Sa Majesté, sans parler de ses anciens droits, pouvait· unir à sa couronne, outre la ville de Messine, toutes les autres places qu'elle possédait dans l'île et toutes celles que l'amour de la liberté porterait à secouer le joug des Espagnols ; que néanmoins, ses vues dans cette occasion ayant été moins d'étendre ses limites que de protéger des peuples affligés, elle n'avait reçu les Messinais que pour les rendre à eux-mêmes ; que son dessein n'était point de les faire vivre sous ses lois, mais qu'à l'exemple de ses prédécesseurs qui avaient donné deux fois des rois à Naples et à la Sicile dans deux branches de la maison royale de France, son intention était encore de donner à cette île un souverain qui tirât son origine du même sang ; qu'elle lui remettrait tous les droits acquis à la France sur ce royaume et tous ceux que le consentement des peuples avait déférés ou pourrait déférer par la suite à Sa Majesté ; que ce prince prendrait les mœurs, les coutumes et les lois de son état et qu'il rétablirait chez les Siciliens un trône que leurs ancêtres avaient vu avec douleur transporter en Aragon et en Castille ; qu'enfin de tous les intérêts que Sa Majesté avait pu prendre jusqu'alors à la Sicile, elle se réservait seulement celui de raffermir de plus en plus la puissance de ce royaume, le bonheur et la félicité de ses peuples, par la liaison et la protection toujours assurée de la France. »

Quoique ce manifeste ne dise point à qui le roi destinait alors le trône de Sicile, il paraît qu'il voulait le donner à un des fils du dauphin, sans doute à son second fils, celui-là même que Charles II appela en 1700 à la succession de tous ses états, et qui fut par conséquent, sous le nom de Philippe V, roi d'Espagne, de Naples et de Sicile.

Il faut le dire la rougeur au front, cette seconde occupation française, appelée par les habitants, n'eut que trop les caractères de la première, sous Charles d'Anjou. Le duc de Vivonne et ses officiers commirent à l'envi bien des exactions et mirent partout le trouble dans les familles. Valbelle lui-même, par ses excès, excita tellement contre lui la haine publique, qu'il périt assassiné en se rendant à une soirée. Vivonne fut rappelé par Louis XIV, sur les plaintes qu'on avait faites à la cour de sa mauvaise conduite. Il fut remplacé, en 1677, par le duc de la Feuillade, dont on n'eut guère à se louer davantage. Les Messinais soupirèrent de nouveau après la domination espagnole, qui leur paraissait maintenant une délivrance. Ils ne l'attendirent pas longtemps. Le traité de Nimègue, en 1678, rétablit la paix entre l'Espagne et la France, et celle-ci abandonna sa nouvelle conquête. Le duc de la Feuillade s'embarqua avec son armée et avec les Messinais les plus gravement compromis dans l'insurrection.

Rentrée sous la domination espagnole, Messine fut punie sévèrement d'avoir osé secouer le joug. Le duc de Gonzague, nommé vice-roi de Sicile, entrait mal dans les pensées de rigueur que lui inspirait le ministère espagnol. Il fut rappelé la même année, et le comte de Saint-Estéban fut envoyé à sa place. Celui-ci traita les Messinais avec moins de clémence et plus au gré de la cour. Le sénat, tel qu'il existait auparavant, fut supprimé; on lui en substitua un autre où l'on fit entrer deux Espagnols avec quatre Messinais. Tous les habitants eurent ordre de porter leurs armes à feu au palais, sous peine de cinq mille écus d'amende et de cinq ans de prison pour les nobles, de la vie pour les autres. L'hôtel de ville fut démoli; la grande cloche qui avait servi de tocsin fut mise en pièces; les hôtels des sénateurs qui avaient passé en France furent renversés, et leurs biens confisqués; il fut même défendu d'avoir aucune relation avec eux. L'université de Messine fut transférée à Catane. Il fut arrêté que l'on construirait aux dépens de la ville une autre citadelle pour la contenir. Enfin les priviléges de Messine furent anéantis. On procéda contre les plus compromis, dont quelques-uns furent pendus, d'autres envoyés aux galères, et plusieurs exilés.

Pour terminer d'un seul coup ce qui concerne l'histoire de Sicile, nous dirons que Philippe v, petit-fils de Louis xiv, étant devenu roi d'Espagne en 1700, eut ce royaume dans ses immenses états, jusqu'à la paix d'Utrecht, en 1713. Ce traité donna la Sicile à Victor-Amédée duc de Savoie, tandis que Naples passait à l'Autriche avec la Sardaigne. Mais dès 1720 Victor-Amédée échangea la Sicile contre la Sardaigne, et les Deux-Siciles furent de nouveau réunies, d'abord en faveur de l'Autriche (1724), ensuite en faveur de la branche aînée de la ligne de la maison de Bourbon qui régnait avec Philippe v en Espagne. Cette branche ayant à son tour été appelée au trône d'Espagne en 1759, un rameau cadet de la branche eut le royaume des Deux-Siciles (Ferdinand iv de Bourbon). Cette maison l'a gardé jusqu'à nos jours, sauf la conquête de Naples par les Français pendant plusieurs années au commencement de ce siècle, sous Napoléon. A cette époque le roi légitime de Naples se retira à Palerme, la Sicile lui demeurant fidèle.

XIII

Le tremblement de terre de 1783

Ce fut une des plus horribles épreuves de la Sicile ! De la guerre on se sauve encore ; on échappe quelquefois à la peste ; il n'est si dure famine à laquelle on ne trouve à la longue quelque adoucissement et quelque remède. Mais quand le sol s'entr'ouvre sous nos pas, quand l'air est chargé de projectiles meurtriers, que les villes, les hameaux et les bourgades s'écroulent subitement, que ni les armes, ni le courage, ni la prudence, ni la distance même ne sont un asile contre un épouvantable fléau, de quelles couleurs peindre le désespoir d'un peuple ! Les tremblements de terre ont bouleversé le globe que nous habitons ; ce sont les phénomènes les plus terribles dont notre planète puisse être frappée. Les anciens prêtres égyptiens, 600 ans avant J.-C., assuraient, au rapport de Platon, qu'autrefois il y avait auprès des colonnes d'Hercule (Gibraltar en Espagne) une île plus étendue que l'Asie et l'Afrique prises ensemble, qu'on appelait Atlantide, et qu'elle fut abîmée sous les eaux de la mer après un grand tremblement de terre. Serait-ce donc l'Amérique, qui aurait été alors jointe à l'Europe, ou du moins toute voisine, et dont une partie aurait disparu ainsi dans une catastrophe épouvantable ? Suivant Pline, ce fut ainsi que la Sicile fut séparée de l'Italie, l'île de Chypre de la Syrie, et celle d'Eubée de la Béotie. Plusieurs autres historiens ont également avancé que, dans des temps très-reculés, ce fut par de pareils phénomènes que l'Espagne fut arrachée de l'Afrique, et l'Angleterre du continent des Gaules. Les chroniques chinoises rapportent que rarement, dans ces pays, une période de dix années s'écoulait sans qu'on y fût témoin d'un de ces désastreux événements.

Selon le récit de Pline, la ville de Modène éprouva, environ 92 ans avant J.-C., un tremblement de terre si violent, que deux montagnes s'entrechoquèrent avec un bruit épouvantable. L'an 31 avant J.-C., une autre catastrophe de ce genre fit périr en Palestine la plus grande partie des bestiaux et près de dix mille habitants. L'an 17 de J.-C., trois ans après la mort d'Auguste, douze villes célèbres d'Asie furent renversées par un tremblement de terre qui eut lieu pendant la nuit, et les habitants furent tous engloutis sous les ruines. Chacun se rappelle l'effroyable éruption de Vésuve de l'an 79, qui ébranla toute l'Italie, et qui jeta dans les entrailles de la terre Pompéi, Herculanum et Stabia, dont les ruines, découvertes il y a cent ans, excitent et justifient si richement la curiosité du monde savant. En 115, l'empereur Trajan était à Antioche avec toute sa cour, lorsque le sol s'émut ; la ville fut presque anéantie : les secousses durèrent plusieurs jours et plusieurs nuits ; le consul Pédon y périt, et si Trajan parvint à s'échapper de son palais, il ne trouva de refuge que dans l'amphithéâtre, qui fut épargné et dans lequel il logea plusieurs jours. Sous le règne de Gallien, en 253, nous voyons à Rome un tremblement de terre si épouvantable, que les secousses, qui durèrent aussi plusieurs jours, se firent ressentir jusqu'en Asie et en Afrique ; plusieurs villes furent submergées par les eaux de la mer, rugissante et débordée. Un siècle plus tard, en 358, un autre tremblement, qui fut ressenti en Europe et en Asie, engloutit la plus grande partie de la ville impériale de Nicomédie. Les secousses commencèrent le 24 août et ne durèrent que deux heures ; mais le désastre fut si violent, que les flammes sorties de terre allumèrent un incendie qui dura *cinquante jours* et dévora *cent cinquante villes !*

Nous aurions beaucoup à faire pour enregistrer toutes ces lamentables pages. Nous ne parlons ici, et bien à la hâte, que des plus mémorables. C'est ainsi qu'à l'année 823 nous lisons qu'Aix-la-Chapelle, sous l'empereur Louis le Débonnaire, fut bouleversée par un tremblement qui fut suivi d'une pluie de grêle mêlée de carreaux de pierre et d'une peste affreuse. A la Mecque, en Arabie, un tremblement de terre tarit toutes les sources et précipita dans la mer des masses énormes de rochers. En 1159 et 1170, ce fut le tour de la Sicile ; Catane fut détruite en 1175, et quinze mille habitants furent engloutis sous les décombres. Dans le tremblement qui eut lieu en Angleterre, quatre ans après, la plus grande partie du territoire du comté de Durham s'éleva à une hauteur considérable, puis s'affaissa tout d'un coup avec un bruit affreux. L'écrivain turc Mouradja d'Ohson, dans son *Tableau de la civilisation ottomane*, évalue à *sept cent mille* le nombre de ceux qui, durant les xie, xiie et xiiie siècles, périrent en Orient sous les ruines de Bagdad, de Bassora, de Moussoul et d'une infinité d'autres villes. Le 5 décembre 1556, un tremblement de terre affreux couvrit de ruines le territoire de Naples et y fit périr soixante mille habitants. La même année, le même fléau désola à tel point une province de la Chine, que de tous les habitants il ne resta qu'un enfant de sept ans. Vingt ans auparavant, *cent mille* individus avaient péri dans ce même empire, toujours par un tremblement de terre. En juin 1660, toute la partie méridionale de la France éprouva des commotions terribles ; la plus grande partie des sources chaudes des Pyrénées se refroidirent, et dans les environs de Bordeaux une montagne, qui disparut totalement, fut remplacée par un lac. La commotion du Canada, en 1663, fut peut-être plus violente encore : un fleuve et de hautes montagnes disparurent dans une étendue de plus de quatre cents lieues ! En 1679, un autre tremblement de terre renversa la plus grande partie de Pékin : *trois cent mille habitants* furent écrasés sous les décombres.... Les secousses de ce tremblement de terre épouvantable durèrent trois mois et causèrent l'engloutissement de trente mille autres personnes dans la seule ville de Toutcheou. Le 9 janvier 1693, Messine perdait aussi dix-huit mille habitants. Six ans après, en Chine, un nouveau tremblement faisait périr subitement *quatre cent mille personnes !....* Le 28 octobre 1747, les villes de Lima et de Callao, en Amérique, furent absolument détruites ; à peine vingt maisons sur trois mille, restèrent sur pied ; les édifices furent renversés à cinquante lieues au sud de Lima ; dix-neuf vaisseaux furent jetés par les vagues dans l'intérieur des terres. — Le 1er novembre 1755 , à neuf heures vingt minutes du matin, un tremblement de terre terrible , et l'un des plus calamiteux des temps modernes , vint fondre sur Lisbonne , la capitale du Portugal. Le lit du Tage s'entr'ouvrit, et ce fleuve disparut ; mais l'abîme s'étant refermé presque aussitôt, les eaux , lancées à une hauteur prodigieuse , retombèrent dans leur ancien canal et reprirent leur cours, après avoir causé des inondations désastreuses ; dix-sept mille maisons s'écroulèrent, et vingt-quatre mille habitants périrent sous les décombres de cette ville , qui fut bientôt le théâtre d'un incendie général. La perte que cette catastrophe terrible coûta fut évaluée à deux milliards trois cent millions. La même commotion ébranla une partie de l'Europe ; plusieurs lacs d'Ecosse , entre autres le lac Lomond , furent violemment agités. Les lacs de la Suisse en furent troublés, aussi bien que plusieurs rivières et sources de France , notamment les eaux minérales de Bourbon-l'Archambauld. Le même mouvement fit bouillonner le Rhône, ébranla Angoulême et Bordeaux , et produisit dans le lac Majeur, en Italie , une agitation semblable au flux et au reflux de la mer. L'Allemagne, l'Italie, la Hollande, la Suède, la Norwége, l'Islande et le Groënland ressentirent l'ébranlement. Le 9 décembre , les secousses recommencèrent à Lisbonne, et le même jour les édifices les plus solides chancelèrent dans plusieurs villes de France , de Bavière , de Souabe , du Tyrol , à Milan et à Côme , à Naples et en Suisse ; à Berne , l'effet de trois secousses renversa une pyramide de pierre du sommet de la grande église. En général , les effets de cet horrible phénomène furent plus particulièrement sensibles dans les villes de la Suisse voisines des eaux , surtout à Genève, Zurich, Vevey, Neufchâtel, Fribourg, et en France à Besançon. Au moment du tremblement de terre de Lisbonne, le sol s'entr'ouvrit auprès de Maroc ; une peuplade entière d'Arabes disparut dans le voisinage avec tous ses bestiaux, et on évalua à six cent mille le nombre des individus que les deux tremblements de terre de cette année 1755 ont fait périr en Afrique. L'ébranlement qui détruisit Lisbonne fut ressenti, le même jour, à Constantinople et à Madrid, où il dura de cinq à six minutes; à Cadix, où les eaux, s'étant élevées à soixante pieds au-dessus du niveau ordinaire, engloutirent une partie de la ville et firent un grand nombre de victimes. L'année suivante, en août 1756, les habitants échappés au désastre de Lisbonne, ainsi que la famille royale de Portugal, campaient encore sous les tentes. — La province de Caracas, en Amérique, fut entièrement ruinée par le tremblement du 26 mars 1812, qui bouleversa plus de cent vingt lieues de terrain, détruisit un grand nombre de villes, et fit périr dans la seule ville de Caracas, qui fut engloutie, dix mille personnes, et plus de vingt mille à Venezuela. — L'écrivain Volney porte à quarante-cinq le nombre des tremblements de terre qui, depuis 1638 jusqu'en 1810, frappèrent les états de la seule Amérique septentrionale.

Dans ces dernières années, nous avons vu ces épouvantables spectacles : en 1818, à Mexico, au Chili, au Bengale, où sept mille maisons furent renversées dans la seule ville de Bondji; en 1819, à Palerme, à Rome, à Corfou. En 1822, en moins de douze secondes, cinq villes d'Asie furent couchées par terre, Alep, Antioche, Alexandrette, etc.; plus de vingt mille personnes furent englouties. En 1825, à Alger, sept mille personnes furent écrasées, et la ville de Blidah renversée. En 1828, c'est le Pérou qui souffre; en 1829, c'est l'Espagne, où la ville d'Almoradi *disparaît avec tous ses habitants*, au nombre de quatre mille. En 1839, la Martinique voit crouler la ville de Fort-Royal. Et, pour ne pas multiplier ces citations, il y a quelques années à peine, en 1853, la Grèce perdait une de ses villes, et un tremblement de terre furieux anéantissait en Perse la ville riche et ancienne de Chiraz, peuplée de vingt mille habitants, et qui se relevait lentement des secousses semblables qu'elle avait éprouvées en 1813 et 1824.

« Vous saurez, écrivait un témoin oculaire, M. Fagergren, médecin suédois, que la ville de Chiraz n'existe plus : jusqu'ici le bouleversement n'a pas encore cessé entièrement, et Dieu sait quand nous serons délivrés de nos anxiétés. Il m'est impossible de

décrire tout ce qu'il y a eu d'horrible dans la première secousse,
qui a duré cinq minutes. Tous les habitants étaient plongés dans
un profond sommeil, dont ils ont été tirés par un bruit plus fort
que celui du tonnerre et par une masse de pierres qui tombaient
dans les chambres. Du moins c'est ainsi que cela s'est passé chez
moi. Ma première pensée fut de prendre la fuite. J'eus le bonheur
d'atteindre le milieu de la cour avec ceux qui habitaient la maison, dans le moment où tout l'édifice croulait sur ses bases. L'immensité de ce désastre n'apparut que le matin, lorsque le soleil
vint éclairer les décombres. De toutes parts l'œil ne découvrait que
des ruines, des rues remplies de pierres, des cadavres portés sur
des brancards, hors des murs de la ville. Le cœur saignait à l'aspect des membres épars qui gisaient sous les maisons écroulées,
et des malheureux parents, des femmes, des hommes et des enfants qui s'efforçaient de retirer de dessous les ruines les restes
mutilés des leurs, en fouillant les décombres avec les dents, les
mains et les ongles. De plusieurs milliers de victimes, on n'est
parvenu à sauver la vie qu'à un très-petit nombre. Ces scènes se
sont répétées cinq jours durant, pendant lesquels on a compté
douze mille cadavres.... Jusqu'à présent le sol ne s'est pas encore
raffermi, et des secousses se font sentir continuellement; elles se
répètent trois ou quatre fois par jour, et sont encore si violentes,
que les ruines des habitations qui ont résisté jusqu'ici croulent
maintenant les unes après les autres.... »

Nous avons été entraîné à citer tous ces désastres, parce que la
matière en est lugubrement intéressante, et qu'ils préparent au récit
de l'effroyable tremblement de terre qui vint, en 1783, boule-
verser la Sicile, et Messine en particulier. Après la catastrophe de
Lisbonne, il n'en est peut-être point qui soit horrible au degré
de celle que nous allons dire. La malheureuse Sicile, en butte
pendant tant de siècles à la conquête étrangère et à la tyrannie de
despotes sans excuse, trouvait encore dans sa belle nature des ennemis plus redoutables et de plus irréparables oppressions. Ainsi
partout, depuis que l'homme a prévariqué, l'épreuve auprès de la
jouissance, l'épée de feu à la porte du paradis, l'épine sous les

roses, le volcan dans les délicieuses campagnes de la Campanie et de la Sicile !

L'Etna faisait une de ces éruptions terribles sur lesquelles nous aurons à revenir. Les éruptions d'un cratère sont toujours à redouter, et on ne saurait se trop prémunir contre leurs effets ; mais, dans les pays où l'on a à les craindre, leur fréquence fait que les habitants s'y accoutument en quelque sorte et n'y pensent même plus. Aussi, en 1783, quoique tous les signes précurseurs d'une catastrophe de ce genre se fussent fait remarquer à Catane, à Messine, à Giardini et sur toute la côte orientale de l'île, on n'avait pris partout que des mesures très-ordinaires pour se préserver du danger, et l'on espérait bien que l'éruption se terminerait comme tant d'autres, sans de trop grands ravages. Cependant, peu à peu, le jour, ordinairement si pur dans ces contrées, s'assombrissait ; le ciel se montrait chargé de nuages épais et noirs, affectant les formes les plus bizarres. Toute la nature éprouvait je ne sais quel saisissement étrange, avertissement secret, grave et sérieux pronostic. Les animaux donnèrent les premiers des marques de frayeur : les oiseaux s'envolaient en décrivant des cercles immenses ; les chiens tremblaient convulsivement ; les bœufs mugissaient et se dispersaient dans la campagne, comme harcelés par d'invisibles ennemis ; la crinière des chevaux se hérissait ; on voyait, aux flancs des montagnes qui coupent l'île, les moutons et les chèvres, pressés les uns contre les autres, oublier leur pâture et regarder en tremblant ces nuages qui leur communiquaient une sorte de commotion électrique. Les fontaines tarissaient, les rivières s'agitaient. C'était le 5 février, à midi et demi. Tout à coup, dans Messine, on entend une détonation profonde, pareille à un tonnerre souterrain, et qui dura trois longues minutes, c'est-à-dire le temps de décharger cent canons. Au même moment, et avant que les habitants soient revenus de leur stupeur, les maisons commencent à trembler, l'air se remplit de vapeurs pestilentielles et d'une odeur de soufre insupportable. Le sol gémit et paraît près de s'ouvrir. Chacun demeure cloué à sa place, au bruit effroyable qui redouble de tous côtés. Mais voici que les édifices, après avoir

chancelé , s'affaissent sur eux-mêmes, le feu semble sortir des fon-
dations , et de tous les points de la ville un nuage de poussière et
de fumée monte vers le ciel. Un frémissement courut par tout le
sol , pareil à celui d'une table chargée que l'on secouerait par les
pieds , et une partie de la ville s'abîma avec un fracas épouvantable.....

Alors seulemeut on songe à fuir. On accourt sur la grande
place , pendant qu'un autre tremblement survient. Chacun prend
pour sa retraite la direction qu'il juge la plus sûre ; la voie de la
mer est impraticable ; mugissante et soulevée, la Méditerranée
semble se débattre elle-même sous l'étreinte de la mort ; ses flots
noirs et écumeux déferlent sur les quais et les inondent. De seconde en seconde, des crevasses s'ouvrent sous les pieds des
fuyards , dévorant une maison , un palais , une rue , une famille
dont les membres se tiennent embrassés pour se sauver ou pour
mourir ensemble. Des témoins oculaires ont comparé les soulève-
ments et les abaissements alternatifs de la terre aux ondulations
d'un tapis de pieds quand le vent s'engouffre entre lui et le plancher. Ce mouvement, au milieu des angoisses qu'il excitait, faisait éprouver tous les symptômes du mal de mer. Les murs des
édifices ne furent pas seulement jetés hors de la perpendiculaire,
mais , cédant en même temps à deux impulsions opposées , on les
vit se briser en l'air avant de tomber. Au loin, dans la région
boisée de l'Etna, les arbres s'inclinaient l'un vers l'autre et se
relevaient alternativement , comme les mâts de différents navires
obéissent aux vagues de la mer. Ces phénomènes étaient continuellement accompagnés d'effrayants bruits souterrains , *rimbombi
è muggiti* , comme l'exprime si bien la langue italienne. De temps
à autre arrivaient des explosions si terribles, qu'on eût dit que la
terre allait se fendre d'un pôle à l'autre pour ensevelir le genre
humain tout entier, qui parut aux Siciliens destiné à périr en ce
jour. La terre, nous l'avons dit, s'ouvrit en effet, quoique sur
une moindre échelle, à Messine, à Catane, en Calabre, où elle
engloutit plusieurs petites villes et des villages avec leurs habitants.

Enfin tout parut se calmer ; une pluie orageuse et pressée tombe de ce ciel épais et lourd. La nuit vient, nuit horrible et obscure, dont nous ne décrirons pas les misères. Dispersés de tous côtés, les malheureux Messinais s'appellent les uns les autres, se cherchent, se précipitent partout où le danger semble n'exister plus; on ne prend même pas la peine de délivrer les cadavres des décombres qui les ensevelissent. On ne compte plus les morts; on ne sait pas davantage le nombre des vivants. A minuit, nouveau frémissement, nouveau tremblement; en ce moment, à la lueur de l'incendie allumé dans les faubourgs, on vit un clocher détaché de sa base et emporté dans l'air, tandis que la coupole de la cathédrale s'affaissait, et que le palais royal, les maisons de la Marina ou port, douze couvents et cinq églises, étaient comme sapés à leur base et s'abîmaient du faîte aux fondements. Bientôt, au sommet des débris, on vit encore briller de nouvelles flammes, pareilles au dard d'un serpent enseveli qui tenterait de se tirer des ruines : c'était le feu des cuisines, qui avait mordu aux poutres et aux lambris écroulés.

Le lendemain, 6 février, on se crut hors de nouveaux périls, lorsque le 7, vers trois heures du soir, les secousses recommencèrent avec une telle violence, que si quelque monument était resté debout, ce nouveau tremblement en eût fait un nouveau débris. Le mal était consommé; on n'en sonda qu'avec larmes et gémissements l'horrible profondeur. A partir de cette dernière catastrophe, les secousses diminuèrent sensiblement, quoiqu'il leur ait fallu plus d'un an pour disparaître. Mais la brillante Messine, la cité des palais, n'était plus; *quarante mille* de ses enfants avaient péri en un seul jour ! d'autres disent *soixante mille !* Elle ne s'est pas relevée entièrement de ce coup épouvantable. Aujourd'hui encore, moins riche et moins peuplée, elle montre ses belles maisons à moitié rebâties; le courage ou les ressources ont manqué pour couronner de leur chapiteaux les brillantes colonnades des palais qui bordent le port, et, vue de la rade, la vieille Zancle semble une triste veuve qui pleure ses enfants écrasés, ou bien une victime frappée au sein, qui attend résignée le dernier coup qui tue.

Au reste , les secours lui arrivèrent de tous côtés. Les chevaliers de Malte envoyèrent quatre galères et soixante mille écus , des lits et des médicaments , quatre chirurgiens et sept cents esclaves d'Afrique pour rebâtir les maisons. On n'accepta de tout cela que quelques secours pour l'hôpital ; on construisit des baraques en bois, dont un grand nombre se voient encore à l'occident de la ville ; tous les droits sur les marchandises furent abolis. Au bout de quinze jours on voulut faire des fouilles ; mais le feu avait été si violent que les métaux avaient fondu , et par conséquent tout ce qui avait eu de la valeur n'existait plus. Les murailles de la cathédrale restèrent, bien que la coupole fût tombée. Le couvent des Franciscains , bâti en 1436 par Alphonse i^{er}, échappa aussi miraculeusement au désastre.

Faisons observer que cette éruption ébranla une étendue de pays de cinq cents milles en ligne droite, répandant sur l'Italie entière et sur une grande partie de l'Europe une brume permanente que la pluie et le vent ne purent dissiper qu'au bout de quelques mois. Le tremblement courut jusqu'en Andalousie ; Séville en ressentit les atteintes, et chaque année encore le chapitre de la cathédrale s'y rend processionnellement au pied d'une croix dressée près de la basilique , pour chanter un *Te Deum* d'actions de grâces, en reconnaissance de ce que la capitale andalouse n'eut que peu de pertes à déplorer dans cette effroyable conjuration des éléments.

SECONDE PARTIE

RÉCITS ET LÉGENDES

« La contrée est sauvage et déserte. Çà et là quelques brins de gazon percent avec peine le sol formé de sable mouvant. Au lieu du parc qui embellit d'ordinaire les alentours d'une habitation seigneuriale, s'élève, au-dessus des murailles nues, un misérable bois de pins dont l'éternelle couleur sombre semble mépriser la parure du printemps, et dans lequel les joyeux gazouillements des oiseaux sont remplacés par l'affreux croassement des corbeaux et les sifflements des mouettes, dont le vol annonce l'orage.... Le vent de la mer arrivait jusqu'à nous comme de longs gémissements, et les pins courbés rendaient des sons lugubres.... »

Ce n'est point, lecteur, sur ce théâtre désolé des affreux pays du Nord que je viens vous transporter. Aux contes attristants et fantastiques d'Hoffmann, restituez de telles solitudes et de pareils spectacles : il faut à nos douces légendes, à nos bonnes et riantes traditions, un ciel moins rigoureux et de plus aimables zéphirs. Nous sommes en Sicile. Là, Dieu soit béni ! rien de sauvage, de sévère ni de repoussant, rien qui annonce le deuil et la souffrance de la nature. Partout de grandes croupes de montagnes qui descendent mollement et qui vont cacher leur pied verdoyant dans quelques bois d'oliviers, nageant, suivant l'expression d'un poëte, dans une atmosphère aussi riche que la palette d'un peintre. Là s'aspirent avec délices ces rayons de vie que darde le soleil, non pas du sein déchiré de nos nuages d'Occident, mais du fond du ciel de pourpre qui ressemble à la gueule de la fournaise ; ces rayons qui ne sont pas seulement une lueur, mais qui pleuvent tout chauds, qui calcinent en tombant les roches blanches, les dents étincelants des pics des montagnes, et qui viennent teindre l'Océan de rouge, comme un incendie flottant sur ses lames. Admirez-la du pont de votre vaisseau, vous que la douce Providence conduit à ses rivages. Je ne sais où il est marqué, dans la sainte Ecriture, que Dieu est adorable dans les îles ; si les feuillets du Livre sacré venaient à se perdre jamais, on retrouverait cette sentence sur toutes les collines, dans toutes les vallées, sur l'horizon brillant de la royale Messine. Voyez ces coteaux merveilleusement accidentés, couverts de figues d'Inde, de grenadiers et de lauriers roses, où elle étend en souveraine la longue ligne de ses nouveaux palais, ses mille coupoles, ses colonnes élancées. Voyez ce quai magnifique qui se recourbe comme une faulx jusqu'au milieu du détroit et forme un port presque fermé ; cette mer dont le courant est sensible comme celui d'un fleuve et qui apparaît comme une vaste nappe d'argent étendue au soleil. En face, ce sont les monts arides mais grandioses de la Calabre, venant se briser en présence du formidable Etna, comme si les Apennins avaient enfin rencontré leur maître à l'extrémité de la Péninsule ; des forêts de roseaux agités par la brise de mer, des oliviers, des orangers luxuriants, courant sur la longueur du rivage et formant comme une poétique ceinture à cette Italie que la poésie des hommes n'a cessé de chanter depuis trois mille ans et qu'elle chantera toujours sans épuiser la matière. Au midi, et dans le lointain, la montagne par excellence, celle qui vomit des flammes, qui faisait encore trembler les villes il n'y a que quelques mois et qui semble parfois s'ébranler sur sa large base de vingt lieues de circonférence. De là sont descendus ces fleuves de lave qui ont englouti Catane et ses faubourgs, et qui iront quelque jour porter de nouveau la tempête et la ruine jusqu'à Taormina et Giardini ; de là s'élève, au milieu de la nuit, ce feu qui brille comme l'astre du jour et teint de sa rougeâtre et mouvante lumière les lieux environnants, les flots eux-mêmes, empressés à la refléter, à en multiplier les prodigieux effets. Quel panorama ! quelle grandeur ! que de beautés

réunies ! que de jouissances pour l'esprit ! et pour le cœur que de
sujets de s'élever à Dieu sur les ailes d'une admiration reconnais-
sante et toujours plus vive !

« La Sicile , dit un écrivain de talent , est constituée pour former un pays peuplé , heureux et recherché. C'est comme une terre
promise. Celui qui vient du Nord en pensant à son pays natal ,
ne le trouve plus dans sa mémoire qu'enveloppé de frimas et de
brouillards. L'Italie elle-même a les pâles couleurs , et la France
paraît cristallisée au fond d'une glacière. »

ETNA

I

Le cercle quotidien

J'étais en Sicile en 1848, à Messine même. Avant de répéter sur ces pages les récits et les légendes auxquels je les consacre, il est bon sans doute de dire un mot des personnages qui doivent y figurer. Chaque soir, nous nous réunissions, après les grandes chaleurs du jour, dans la maison de notre consul français, noble gentilhomme dont l'hospitalité antique, le langage élevé, l'accueil bienveillant et poli rappelaient cette vieille urbanité française qui nous a désertés, effrayée du bonnet rouge et des saturnales révolutionnaires. Le *comte de Maricourt* ne se distinguait pas moins par sa piété que par les qualités qui font l'homme du monde achevé et le diplomate habile : c'est dire qu'il entamait volontiers avec nous les sujets religieux, que facilement il admettait, comme nous tous, les légendes naïves, les récits chrétiens qui se résument en deux tableaux : d'un côté la faiblesse humaine et les écueils de la vie terrestre, de l'autre une intervention divine et la protection miraculeuse du Ciel ; ici la misère, là une infinie miséricorde. Il n'était point, lui, l'homme du bon sens, de ces esprits étroits parce qu'ils sont superbes, qui posent à la puissance ou à la bonté divine les bornes de leur propre faiblesse, quelquefois de leur orgueil et de leurs caprices.

Après le consul, c'étaient quelques officiers de la belle frégate de guerre *la Psyché*, en rade dans ces eaux. Le commandant lui-même, gentilhomme aussi aimable que le consul, s'y trouvait quelquefois, et ajoutait au charme de nos conversations celui de ses récits variés et spirituels. C'étaient ensuite plusieurs étrangers de distinction, de passage à Messine; des Siciliens appartenant à toutes les classes de cette société primitive, où les nuances et les distinctions de fortune s'effacent le plus souvent dans une égalité sans bassesse et dans une dignité sans morgue. Je nommerai, parmi eux, le vieux *Salvatore* Bensaja; les poëtes l'auraient chanté s'il y avait encore des poëtes nationaux en Sicile; Harmodius et Aristogiton, célébrés dans les œuvres lyriques de la Grèce, n'approchaient pas de cet homme pour l'héroïsme et la grandeur. Père de six garçons, on l'entendait chaque matin dire aux cinq épargnés par le boulet ennemi : « Priez Dieu, enfants, qu'il vous fasse mourir sur la brèche, comme est mort votre aîné, en défendant la patrie ! » Type admirable de ces caractères de bronze dont Plutarque nous a légué les figures et que je croyais n'exister plus que dans le passé de l'histoire.

Et puis, c'étaient cinq gracieux enfants, à peine entrés dans la vie, nés sous le ciel brillant de Naples ; élevés dans les plus saints principes de la religion et nourris de bonne heure de tout ce qu'elle offre à la fois de solide et de délicieux à l'âme. Leurs noms me sont présents encore ; j'aime à les citer, car ils me reportent par la pensée à ces belles années qui ne reviendront plus. Ainsi s'écoulent donc sur la terre nos plus heureux moments ! ainsi s'échappe, fugitif et rapide, cet âge doré qui court et disparaît sans retour ! En vain nous cherchons, pauvres créatures mortelles, à le ranimer un instant pour l'investir d'une sorte d'immortalité qui n'est pas à nos ordres : il passe, il se précipite, il s'abîme à jamais ! Ces noms, je les redirai donc. Puissiez-vous, Philomène, Marie, Georges, Louis, et toi, petite Anna, ne perdre point le souvenir de ces jours où de si bonnes choses vous furent dites sous le ciel sicilien ! Puisse ce souvenir, gravé au fond de vos cœurs toujours purs, y entretenir la fraîcheur de la vertu, y nourrir la sainte et divine poésie de la foi ! Oh ! qu'il fait bon d'habiter ensemble auprès du Seigneur ! qu'il est doux d'être enfants sous ses ailes jusqu'à la fin, dût-on vivre quatre-vingt-dix ans ! Soirées siciliennes, épanchements fraternels, vives et délicates sensations,

aucun de nous ne vous oubliera , sur quelque plage que l'ait jeté
la Providence !

Mais , dans ce cercle quotidien , je n'ai pas marqué encore nos
deux sujets en reliefs : *Nannette* et le P. *Dominico*.

Née en Suisse , dans une de ces familles patriarcales dont le
canton de Lucerne a conservé les derniers vestiges , la vieille
Nannette avait toute la foi , toute l'ardeur , toute la simplicité qui
se révèlent dans les fortes âmes. Dieu et la Madone , elle ne connaissait rien en dehors, rien au delà. Deux ou trois heures d'oraison
par jour, le rosaire entier, la messe à cinq heures du matin, la
veille prolongée le soir au pied d'un petit autel dressé par ses
mains, suffisaient à peine à sa religion. Du reste, peu ou point de
lettres humaines ; un langage tout à la fois moitié allemand,
moitié français, quelque peu italie... et légèrement espagnol (Nannette était cosmopolite) , et à la main quelque livre enluminé de
prières allemandes , ou bien un almanach de l'an de grâce 1768 ,
traditionnel héritage destiné à lui indiquer , sauf erreur de quelques jours, d'une toute petite semaine au plus , les fêtes à célébrer. « Peu importe un jour ou l'autre, disait-elle ; il vaut mieux
faire une fête deux fois que de ne la pas faire du tout. » Nannette solennisait volontiers la même huit jours de suite , pourvu
qu'elle ne se compliquât pas d'une seconde fête inattendue , car
alors son embarras était sérieux. Je crois avoir entendu dire
qu'il se résolvait ordinairement en une prolongation de vingt-
quatre heures dans les exercices propres à la circonstance. Heu-
reuses les familles auxquelles Dieu a ménagé de ces serviteurs
bénis ! il les a semés si éclaircis et si rares ! Où donc sont-ils
aujourd'hui les amis du foyer que leurs longs services autorisent
à dire *nous* au nom de leurs maîtres, et qui meurent à la tâche ,
esclaves de la fidélité ? Nannette , chargée des enfants , était présente à nos conversations ; nous lui devons plus d'un attachant
récit. Cette femme, le monde l'eût appelée ignorante ; et
cependant la foi avait développé dans son âme énergique une
poésie , une sublimité de vues, une force de dévouement, dont
n'approchent guère ceux que nous honorons souvent à tous ces

titres. Il y a, voyez-vous, à une couche inférieure de la société
que le monde n'étudie pas, il y a des trésors de vertus qui se
manifesteront au jour de la grande révélation, pour la confusion
éclatante de la sagesse vaniteuse et mondaine, et pour la glo-
rification éternelle de la parole sacrée : « Bienheureux les pauvres
d'esprit! Bienheureux ceux qui pleurent! Bienheureux ceux qui
n'ont point leur consolation sur cette terre! » Le vaisseau allait
s'éloignant de Cadix, un jour. Un objet est lancé en mer, tombe,
s'agite un instant sur la vague et s'enfonce : « Courage, enfants!
dit une voix joyeuse; nous aurons un bon voyage! » C'était un
holocauste de la vieille Nannette : un mauvais livre trouvé par
elle et rendu par elle à l'abîme! Ne riez pas, je vous plaindrais;
car vous êtes en face de la foi d'un autre âge, et le nôtre a si
profondément besoin de foi!

« La bénédiction de celui qui allait mourir s'étendait sur moi;
» j'ai consolé le cœur de la veuve, je me suis revêtu de la jus-
» tice; j'ai été l'œil de l'aveugle, le pied du boiteux, le père de
» l'orphelin. » — Ces mots, tirés du livre de Job, peignent à
eux seuls, et avec une divine brièveté, le saint vieillard que j'ai
appelé le père, ou en italien *Padre Dominico*. Ses cheveux blancs,
formant autour de son visage vénérable une couronne bouclée
comme aux jours de la jeunesse, encadraient d'une manière digne
d'elle une tête comme on n'en voit guère que dans les tableaux
de Rembrandt, de Lesueur ou de Valentin, ou encore dans ces
scènes du siècle de Léon x, où Raphaël introduit de si belles
de si majestueuses figures de cardinaux. La gravité, l'austérité
unie à la plus ouverte bonté pour les autres, la méditation journalière et continuelle d'une autre vie, la paix d'une conscience
chargée de bonnes œuvres et portant allègrement cet adorable
fardeau, s'y voyaient comme dans un miroir. Il marchait droit
encore, bien qu'il appelât à son secours le bâton d'olivier qui ne
le quittait point; ses yeux avaient une expression particulière et
touchante; ils semblaient chercher toujours quelque bien à faire
et trouvaient instinctivement la douleur à consoler. Oh! il ne fuyait
pas, ce digne prêtre, le deuil, les larmes, le désespoir de ses

frères ! Mais aussi la tristesse, auprès de lui, avait bientôt perdu son amertume. On racontait sur le *Padre Dominico* des choses étranges. Riche, beau, jeune et plein d'avenir, il avait aimé le monde, disait-on ; et puis un jour, à l'heure où la grâce avait frappé à sa porte, on l'avait vu dire adieu à tout cela, distribuer aux pauvres son patrimoine, quitter les livrées de la délicatesse et revêtir la robe noire de chapelain d'une petite chapelle où les pauvres gens du plus pauvre quartier de Messine se réunissaient de temps en temps pour entendre parler de Dieu. On ajoutait que, semblable aux solitaires de la Thébaïde, il commerçait visiblement avec le Créateur, que les maladies lui étaient soumises, qu'il guérissait par une simple prière, et on citait les noms de ceux qu'il avait rendus à la santé. — « J'avais mon plus jeune enfant désespéré des médecins, disait la comtesse de M*** ; on ne lui accordait plus que quelques heures à vivre. *Padre Dominico* est appelé ; il fait le signe de la croix, bénit une rose, la trempe dans un verre d'eau qu'il fait boire au petit malade... et j'affirme qu'à partir de ce moment tout danger disparut et que mon fils fut guéri.... » — Aussi, quand il paraissait à la porte, le bon vieillard était-il entouré par les enfants qui sautaient de joie, le tiraient, le conduisaient à son fauteuil, et, s'asseyant sur ses genoux, lui demandaient une histoire, une légende comme il en savait tant ! Nous nous approchions à notre tour, le silence se faisait, le cercle s'établissait, et nous écoutions les pieux récits, entremêlés des sentences de la sainte Écriture : car le père connaissait à fond sa Bible ; je n'ai vu personne la posséder mieux que lui.

Nous étions au moment de la guerre des Siciliens et des Napolitains. La citadelle qui s'avance dans la mer, occupée par ces derniers, nous envoyait bien quelquefois, pour entretenir la main de ses canonniers sans doute, ou par pure distraction, une bombe qui éclatait sur la ville avec fracas. Le visage de *Padre Dominico* n'exprimait point la crainte de la mort ; il levait paisiblement les yeux vers le ciel, joignait les mains, se signait et continuait aussitôt son récit, non sans ajouter un mot sur la brièveté de la vie

et sur la bonté de Dieu qui veille sur ses serviteurs et qui ne per-
met qu'un cheveu soit arraché de leur tête si ce n'est au moment
décrété par lui. Deux mois après , quand se fit cet épouvantable
bombardement de cinq jours, où quatre cents pièces de canon
vomissaient de part et d'autre la flamme et la mort, il ne voulut
point chercher un asile à bord de nos vaisseaux ; il se retira dans
sa petite chambre et pria. Oh ! qui nous donnera cette confiance
en Dieu et cet abandon en ses mains adorables !

Je voudrais redire quelques-unes de ces légendes. Elles plairont
certainement aux jeunes et pieux lecteurs auxquels je les destine ;
et lors même, enfants, que participant de l'esprit de votre temps
et de votre pays , vous ne les accepteriez qu'à titre de naïfs ro-
mans, elles vous seraient utiles encore, en élevant vos pensées
à de nobles fictions , et votre esprit à l'étude des préoccupations
et des idées d'un peuple. Je ne sais lequel de nos écrivains disait
que pour écrire l'histoire d'une nation il faudrait rassembler ses
légendes et ses contes. Cette appréciation est vraie. Ce que les
frères Grimm ont fait pour l'Allemagne, M. Damas-Hinard pour
l'Espagne, M. X. Marmier pour la Suède, pourquoi ne le ferait-
on pas pour l'intéressante , pour la poétique Sicile ?

II

Le spectre de la caverne

Le 8 juillet, après une journée de grande chaleur, nous étions réunis selon notre coutume journalière. *Padre Dominico* survint, et il nous proposa un récit, une légende de son pays. Je laisse à penser si nous nous fîmes prier pour l'entendre. Le cercle se resserra, et notre vénérable conteur commença ainsi :

« Celui qui ne vit que pour cette terre sans songer qu'elle n'est pour lui qu'un lieu de pèlerinage, celui-là, mes enfants, est bien à plaindre ; c'est l'Ecriture qui le dit : « Vanité des vanités, et tout est vanité. » — Il y avait, dans l'une de nos vallées, là-bas, derrière ces montagnes qui protégent Messine contre les vents d'ouest et qui sont si accidentées et si hautes, un comte qui appartenait à l'une de nos premières familles siciliennes. Il était, grâce à sa naissance, à sa fortune, à son éducation, considéré comme l'un des meilleurs cavaliers de son temps ; grand chasseur du reste, comme tous ces jeunes gens qui ne savent que faire de leurs journées, lorsqu'ils auraient tant de motifs et d'occasions de les employer utilement pour eux et pour les autres. Il ne s'inquiétait guère d'autre chose que de courir la campagne et d'abattre force gibier. Toutefois, j'ai hâte de le dire à sa louange, élevé dans de solides principes religieux, sa légèreté ne l'avait point empêché de demeurer fidèle à ses devoirs. On le voyait régulièrement à l'église les jours de dimanches et de fêtes ; plusieurs fois par an il prenait part au divin banquet. Ce n'était pas la religion qui lui manquait, c'était la ferveur. Or, là où l'esprit de Dieu s'affaiblit, on ne tarde guère à voir venir l'esprit du siècle et les attaques du démon. Il vint donc au comte une tentation singulière : « Je suis là, se dit-il, à combattre souvent mes penchants les plus » naturels parce qu'on m'assure qu'ils sont mauvais ; je m'interdis » beaucoup de plaisirs comme étant défendus ; on me voit de » temps en temps humilié aux pieds d'un confesseur pour obtenir » un pardon chèrement acheté ; je ne goûte pas la moitié des fa- » veurs que me propose le monde, dans la crainte d'offenser Dieu » à qui j'ai juré fidélité : tout cela pour gagner le paradis et mé- » riter le nom d'homme que tant d'autres portent sans qu'il leur » convienne. Tout cela est bel et bon, certes ! mais pourtant..... » si je n'avais pas d'âme ! » Le doute était terrible, bien peu rai- sonnable à la vérité : hélas ! toutes nos tentations sont si déraison- nables ! Le voilà qui s'y arrête, qui consulte les instructions reçues autrefois, qui interroge sa conscience et un peu aussi la passion, le désir de s'affranchir de toute loi divine, et finalement qui hé- site : « Je n'ai peut-être pas d'âme ! » répétait-il. Et, pour se distraire, un beau matin il s'en va à la chasse. Toute la journée il marche, court, se fatigue, s'éloigne ; et quand vient le soir, quand l'ombre commence à descendre dans ces profonds ravins où il cherchait inutilement sa route, le froid le saisit et le força d'en- trer dans une grotte qu'il avait aperçue devant lui. La nuit ne tarda pas à devenir épaisse. Notre chasseur, voyant l'impossibilité de re- gagner le logis avant l'aube du lendemain, déposa ses armes, s'ar- rangea de son mieux, se forma un lit de quelques herbes croissant entre les fentes du rocher, et, après avoir dit sa prière accoutu- mée, se mit en devoir de dormir.

» Il s'assoupit en effet. Combien de temps ? C'est ce qu'il ne put raconter depuis. Toujours est-il qu'au milieu de son léger sommeil il entendit distinctement, à côté de lui, un bruissement étrange, puis, vers le fond de la grotte, où il n'avait osé pénétrer parce qu'elle s'y rétrécissait et qu'il craignait la rencontre de quelque dangereux reptile, un bruit sec et retentissant qui le fit tressaillir involontairement. Il saisit ses armes, saute au milieu de la caverne, prêt à défendre sa vie si elle était menacée ; et que voit-il, à la

lumière incertaine et sépulcrale d'une lampe en terre cuite qui se
trouva placée dans un coin , sans qu'il sût ni par qui ni comment?
Un squelette desséché , qui s'était levé en faisant craquer tous ses
os, et qui lui parla aussitôt sur le ton du commandement : « O
» homme, pourquoi venir ici troubler la paix de mon éternel
» sommeil?... Mais tout ceci s'est fait par la volonté du Seigneur :
» Dieu m'envoie aussi vers toi. Ecoute, et fais docilement selon
» toutes mes paroles : Tu vas me prendre sur tes épaules sans
» hésiter, car ces pieds ne me peuvent plus porter jusqu'au juge-
» ment dernier, où de nouveau ils fouleront la terre pour la quitter
» à toujours. Ensuite, tu marcheras sous ma direction. J'ai dit ;
» au nom du Seigneur , obéis à l'instant ! »

» La terreur glaçait tous les membres du comte. Il ne sait si ce
n'est point un terrible cauchemar, un jouet de son imagination
hallucinée par la fatigue. Il reste immobile et cloué à sa place,
l'œil dilaté, fixé sur l'horrible fantôme, qui était bien là, se dressant de toute sa hauteur et levant la main avec le geste d'un maître
qui ne souffre pas la réplique. Une seconde injonction , plus impérieuse que la première , le décide à subir l'aventure. Le comte .
était brave d'ailleurs, et il n'était point de danger d'un ordre
naturel qui l'eût arrêté une minute. Il fit le signe de la croix, se
recommanda à sainte Agathe de Catane, à sainte Rosalie de Palerme , à la Madone de Messine ; et puis, rassuré par une voix intérieure, il obéit, prit sur ses épaules le squelette aux membres à
moitié pourris, à l'odeur putride, et se laissa diriger par lui. Une
lumière inconnue, répandant alors ses rayons devant lui, semblait
le précéder et lui permettait de distinguer les objets ; peut-être
émanait-elle de l'apparition elle-même ; il ne s'en est point expli-
qué, et sûrement il ne put parvenir à le savoir.

» Il marche donc, le pauvre comte ! Qui oserait dire qu'à sa
place il n'eût pas tremblé? On sort de la caverne, devant laquelle
s'ouvrait un chemin difficile et comme impraticable à un homme
chargé d'un fardeau ; d'autres sentiers y venaient aboutir comme
les veines d'une artère principale ; sentiers encore plus difficiles,
où le pied ne s'affermissait point. « Par ici ! » dit le spectre ; et

il faut aller à droite, dans un de ces sentiers, le plus raboteux de tous. « Par là, maintenant ! » et il faut tourner à gauche, suivre les directions les plus bizarres. On monte, on descend ; les montagnes et les vallons fuient rapidement derrière les voyageurs. Les paroles du fantôme sont brèves, saccadées, rares, et toujours au nom du Seigneur, ce qui consolait le pauvre jeune homme : car enfin ce n'est point là le langage du démon, et si Dieu l'appelait par ce moyen, quelque extraordinaire qu'il fût, pourquoi n'irait-il pas, obéissant et docile, où le voulait son Créateur ?

» Après ces défilés, on se trouva dans une belle plaine que le comte ne connaissait pas. Un jardin clos de hautes murailles s'y étendait ; mais à l'approche du squelette la barrière tombe, on entre. Là, d'innombrables fleurs de toutes les espèces, de toutes les couleurs, de toutes les grandeurs, mais également en boutons, s'ouvrent sous une égale chaleur, recevant à un égal degré les caresses du soleil, de la rosée et de l'atmosphère bénigne qui les environne ; c'était l'espérance du printemps, dans ce qu'elle peut offrir de plus riant et de plus flatteur à la vue. Le comte, oubliant son effroi, ravi de cette belle végétation, demande s'il ne faut pas s'arrêter dans ce lieu charmant, si ce n'est pas là le terme du voyage, et enfin ce qu'on veut de lui. « Marche, au nom du Seigneur ! » Et ils marchent ; ils sortent du parterre en le traversant dans toute sa longueur.

» Non loin de là ils rencontrèrent un second jardin, où les mêmes fleurs se voyaient dans la même disposition, rangées selon le même ordre, dans les mêmes allées, en même quantité ; seulement toutes étaient épanouies. Hélas ! elles ne l'étaient pas dans des conditions égales : les unes, contrefaites, languissaient en se traînant sur le sol ; les autres, droites encore, mais sans couleur et sans parfum, n'étaient qu'une ombre de ce qu'elles avaient promis sur la première tige ; d'autres avaient mieux profité, mais elles étaient maigres cependant, chétives, sans force pour se balancer au souffle d'un doux zéphyr et sous la chaude haleine de l'été ; quelques-unes, au contraire, mais rares, avaient acquis leur parfait développement ; on aimait à contempler leur fraîcheur et leur éclat au milieu des autres, et on espérait que celles-ci se relèveraient à leur tour et prendraient bientôt une nouvelle vie. Le comte voulait rester pour s'en assurer; ce spectacle l'intéressait sans qu'il pût exprimer pourquoi. Mais sa demande lui est durement refusée. « Marche, au nom du Seigneur! » Et ils avancent encore....

» Ils arrivèrent dans un troisième parterre. L'ensemble en était désolant : c'était la mort; tout y paraissait flétri. Languissantes, sans soleil et sans eau, les pauvres fleurs se courbaient jusqu'à terre; les étamines, les corolles, les tiges, les feuilles, tout était dévoré par la sécheresse. Quelques-unes, çà et là, relevaient seules et faiblement la tête, reprenant quelque consistance et de plus vives couleurs; une rosée inconnue semblait les ranimer mystérieusement. Mais celles-là étaient rares. Le comte, touché de pitié à ce spectacle, voulait s'arrêter, prendre de l'eau et rendre la fraîcheur à ces plantes fanées, qu'il reconnaissait une seconde fois pour les mêmes, vues en boutons magnifiques peu d'instants auparavant. Une instruction secrète était sans doute cachée pour lui dans cette triple rencontre; il ne la comprenait pas; et son guide, au lieu de répondre à ses timides questions, lui disait toujours : « Plus loin, car Dieu le veut! » Et il faut marcher plus loin.

» On sortit du jardin. Mais voici que la lumière devint plus rare, le froid pénétra l'atmosphère; la route s'était faite plus étroite, plus rocailleuse et plus pénible; on se sentait au cœur je ne sais quel involontaire frisson, comme si le monde finissait là. Un gouffre affreux s'ouvrait en effet devant le comte : c'était un précipice sans fond, dont il n'était séparé que par un fil. Et le spectre a dit de marcher encore! Le comte, épouvanté plus que jamais, sent fléchir ses genoux sous lui. « Irons-nous donc au delà, maître? Eh! comment traverser cet effroyable abîme? Je le vois, vous voulez ma mort, tout ceci doit se terminer par une catastrophe! Eh bien, par la Madone de Messine, si tu es le diable, je te renonce, je te maudis, et je saurai bien secouer ce lien de fer dont tu m'enlaces.... » Et par un suprême effort, il

chercha à se débarrasser de son horrible fardeau ; mais en vain ;
le mouvement qu'il fit se trouva comprimé violemment, et il lui
fut impossible de s'agiter davantage. Alors, désespéré, « Qui
êtes-vous? s'écria-t-il ; que me voulez-vous? pourquoi m'assassiner ainsi dans un rêve que je ne puis définir? Au nom
du Dieu que vous invoquez, disparaissez, fantôme tyrannique! —
O homme! répondit le mort d'une voix plus caressante que celle
des sirènes du cap Pélore, tu ne cours aucun péril; vois ce
fil tendu sur le précipice, il doit te porter sur l'autre rive; du
courage et de l'espérance! l'esprit des ténèbres ne t'environne
point ici de ses filets. *Au nom de Dieu, marche!* » Et le comte
obéit, soutenu par une force nouvelle. Il voyait au-dessous de lui,
avec une indicible terreur, rouler dans un feu liquide mille formes
humaines; ce feu tombait en cascades, roulait en flots pressés et
mouvants, tourbillonnait, murmurait et pénétrait jusqu'à la moelle
des infortunés qu'il enveloppait. Alors il se rappela la description
des fosses maudites, dans l'Enfer du Dante, au chant XVIIIᵉ :
« Il est en enfer un lieu appelé Malebolge, tout en pierre et de
» couleur de fer, comme l'enceinte qui règne autour... Quelle ne
» fut ma peur? J'entendais à main droite le gouffre faire au-dessous
» de nous un fracas horrible ; c'est pourquoi je portai en bas la
» tête et les yeux. Alors j'eus plus grand'peur du précipice; car
» je vis des feux et j'entendis des gémissements, et, tout trem-
» blant, je me ramassai sur moi-même.... » On aurait pu écrire
sur une colonne placée à l'entrée de ce lieu effroyable : « O vous
qui pénétrez ici, laissez à la porte toute espérance! »

» Le passage, tout périlleux qu'il était, fut assez rapidement
franchi. Alors, quel admirable coup d'œil ! Le monde, dans ses
jours les plus purs, sous le ciel le plus azuré, n'offre rien de pareil.
Mille parfums remplissaient l'air, un soleil éclatant animait et
vivifiait les plus merveilleuses plantes; là, point de destruction, de
sécheresse, de langueur ni de mort. Un palais magnifique, tel que
l'imagination humaine n'en a jamais rêvé, s'élevait devant le comte.
Il en contempla, ravi, la splendide architecture; il s'extasia devant les pierres précieuses, marbres, saphirs, jaspes et agathes,

qui en formaient les riches matériaux. Pour cette fois, il ne lui fut point dit de reprendre sa marche. Le spectre, au contraire, lui ordonna de s'arrêter et d'être attentif à ce qu'il allait voir. A une parole qu'il prononça, douce comme l'harmonie des cieux, la porte du palais s'ouvrit, et il en sortit une belle dame. Une couronne d'or étincelait sur sa tête ; ses vêtements étaient d'un blanc de neige et parsemés de joyaux ; son visage respirait la félicité sans bornes, la majesté de la puissance et le sourire de la bonté. Elle s'approcha empressée du squelette souriant aussi ; elle le baisa avec transport au visage, aux pieds, aux mains, sur le cœur. « Courage, mon ami, dit-elle, courage ! encore quelque temps, bien peu de temps, et nous nous réunirons ! Oh ! quel moment ! oh ! quel bonheur sera le nôtre ! Bénissons le Seigneur ; car ses miséricordes sont ineffables, et ses promesses s'accomplissent dans l'éternité ! » Elle dit, rentra au palais et disparut, et l'on entendit les concerts des anges et une musique ineffable qui l'accueillaient à son retour. Puis, un voile tombe, la nuit se fait, le silence règne comme auparavant dans la campagne sicilienne, interrompu seulement par le bruit léger d'une brise d'été qui courbait la tête des acacias et des tamarins ; la lumière n'est plus que celle qui a marché devant les voyageurs, lumière bien pâle, hélas ! à côté de la seconde.

» Le spectre, qui semblait tout joyeux et qui pesait moins sur les épaules du comte, lui commande d'une voix toute tremblante d'émotion de retourner où il l'a pris. On repassa sur l'abîme, dans le jardin flétri, dans les deux autres parterres, dans les chemins difficiles et rocailleux. On arriva à la caverne ; le comte déposa son fardeau, décidé à s'enfuir pour échapper à cette terrible vision qu'il commença de nouveau à prendre pour un rêve impossible. Le spectre le retint par le bras, et se dressant devant lui, « Ecoute maintenant, lui dit-il, l'explication de ce que tu as vu. Ces chemins difficiles qu'ensemble nous venons de parcourir, c'est une image de la vie, où l'on se heurte à chaque pas, où il faut du courage, de la prudence et de la fermeté pour se tenir droit. Le premier jardin, avec ses jeunes et florissants boutons de fleurs, éclairés d'une égale lumière, réchauffés par le même soleil, te représente la naissance des hommes sur la terre : ils ont le même Dieu, la même foi à garder, les mêmes conditions natives de prospérité future ; tous ils promettent une belle et brillante carrière. Tu as vu, dans le second parterre, quelle différence établit bientôt entre eux l'*éducation* : les uns deviennent contrefaits, vicieux, méchants ; d'autres, sans tomber dans ces excès, sont moins bons qu'ils n'avaient fait espérer d'abord ; quelques-uns, et tu as été du nombre, ont profité, grandi, prospéré sous le regard de Dieu. Le troisième jardin, c'est, après l'épreuve de la vie, le purgatoire, où se dessèche toute consolation humaine, où les souffrances sont cruelles, mais où il y a de la vie encore, où la tige ne périt pas. Parmi les fleurs qu'il renfermait, tu en as vu qu'une douce et mystérieuse rosée venait tirer de leur langueur : ce sont les âmes que les prières des justes soulagent sur la terre ; prières bénies, qui se répandent comme une eau bienfaisante sur l'âme consumée de mortelles ardeurs. L'enfer était sous tes pieds lorsqu'un fil léger te conduisait aux rives du paradis : un fil t'empêchera d'y tomber, la foi ! Mon fils, conserve la foi, ou tu rouleras dans ces flots embrasés, dans ces laves bouillonnantes qui consument sans remède et sans fin. Mais plutôt, oh ! écoute bien cette parole, parviens un jour à ce palais du bonheur où nous sommes tous appelés, dans le sein du Père de famille. Cette belle dame qui est accourue au-devant de moi, mon fils, c'est mon âme !.... Elle a baisé mon visage, qui se tournait vers Dieu, au lieu de s'arrêter aux créatures, dans les jours de sa vie mortelle ; mes mains, qui ont opéré la justice ; mes pieds, qui ont marché dans les droits sentiers de l'Evangile ; mon cœur, qui a battu pour le bien et qui fut le tabernacle où tant de fois a descendu la divine Eucharistie. Encore quelque temps, quelques siècles qui passent comme l'eau du torrent, comme l'éclair de la nue, comme le rayon de la lumière, et nous nous embrasserons éternellement, elle et moi, pour finir toute séparation. Mon fils, pendant que tu songeais à tes plaisirs dans la journée d'hier, Dieu t'a envoyé dans cette caverne pour éclairer ton esprit, dont la droiture avait jusqu'ici réjoui les anges. Bénis sa paternelle sollicitude et rends grâces à cette miraculeuse tendresse : ne doute plus de ton âme immortelle! J'ai dit, et le silence va de nouveau devenir mon partage jusqu'au grand jour du réveil. Souviens-toi toujours de cette leçon, mon fils. Invoque Marie, ta puissante et bonne Mère, pour qu'elle adoucisse la route sous tes pas. Adieu! au revoir là-haut! »

» Et les ossements se détachèrent de nouveau, roulèrent sur le sol désunis et confondus. Le comte jeta sur eux un peu de terre avec respect, se mit à genoux pour remercier le Dieu de sa jeunesse qui voulait être celui de son âge mûr et de sa vieillesse ; et, retournant à la naissance du jour dans sa maison, il abandonna les vanités et les préoccupations du monde pour ne songer qu'à l'avenir de son âme. Il voulut faire peindre ce qui lui était arrivé. Le tableau, transmis dans sa famille à plusieurs générations d'enfants, rappelle à chacun d'eux qu'il n'y a réellement sur la terre qu'une seule chose à faire, préparer l'éternité. »

Et, en finissant, le digne vieillard nous disait : « Mes enfants, après cette histoire, laissez un ami vous citer cette parole de l'*Ecclésiastique*, au chapitre iiie : *Le cœur qui entrera dans une double voie ne réussira pas.* La seule voie qu'il nous faut, c'est l'Évangile qui mène à Dieu. »

III

La délivrance

« Voyez-vous, mes amis, nous dit un autre jour *Padre Dominico*, nous sommes tous de pauvres malheureux que le diable circonvient du matin au soir, et bien souvent du soir au matin, pour nous faire tomber dans quelque piége de sa façon. Quand il a réussi, il se réjouit avec d'épouvantables grimaces, le monstre qu'il est! Nos bons pêcheurs de la côte disent que le diable appelle cela noircir et cirer ses bottes, le misérable! parce que, de blanches et pures qu'étaient nos âmes, il les rend aussi noires que l'encre et aussi laides que lui. Mais, Dieu merci, il n'aboutit pas toujours; il y a, par là, au-dessus de nos têtes et dans les airs, une belle Reine qui lui serre les pouces, qui lui dame le pion, pour peu qu'au moment du péril on crie vers elle avec confiance. Alors il s'en va tout penaud, honteux, furieux, plein de colère et de regret. C'est bien fait! et louée soit sainte Marie *della Lettera!* »

La vieille Nannette répète la pieuse exclamation, la fait répéter aux enfants, qui y mettent une cordiale ardeur; et le vénérable conteur poursuit, enchanté de l'incident.... Mais l'exclamation, avant d'aller plus loin, a besoin d'explication.

Il n'est guère de ville en Italie qui ne prétende à la gloire de posséder quelque relique singulière, dont l'authenticité paraît plus ou moins bien constatée, mais qui toujours excite dans les âmes de ces ardents chrétiens les élans de la foi la plus vive. Messine revendique pour sa part la possession d'une lettre attribuée à l'auguste Mère de Dieu, et qui aurait été par elle adressée à ses fidèles habitants, l'an 42 de la naissance de J.-C. et neuf ans après sa résurrection. En voici la traduction textuelle :

MARIE, VIERGE, FILLE DE JOACHIM,
très-humble mère du Christ Jésus crucifié,
de la tribu de Juda, de la race de David,
à tous les Messinais,
Salut et bénédiction de Dieu le Père tout-puissant.

Il est certain que dans votre grande foi, et pour en donner un public témoignage, vous tous nous avez envoyé des députés et des messagers. Vous confessez que notre Fils a été engendré de Dieu, qu'il est Dieu et Homme, et qu'après être ressuscité il est monté au ciel ; vous reconnaissez ainsi, à la prédication de Paul, apôtre choisi, la voie de la vérité. C'est pourquoi nous bénissons vous et votre ville, dont nous voulons être la perpétuelle protectrice.

L'an de notre Fils 42°, indiction 1°, 3° jour avant
les nones de juin, la lune 27°, à la 5° férie.

Jérusalem.

La suscription dans les termes où elle est conçue, les titres magnifiques que la plus humble des créatures se décerne à elle-même étant encore dans l'exil de cette vie, la formule tout ecclésiastique de bénédiction, le quantième avec toutes ses variétés de computation disparates, l'anachronisme énorme qui amène saint Paul en Italie avant l'an 42, lorsqu'il est constant que l'Apôtre n'y parut, touchant dans sa navigation Malte, Syracuse, Reggio de Calabre et Pouzzoles, que l'année 61, feraient suspecter seuls l'origine plus que douteuse de ce monument. Plusieurs graves personnages l'ont cependant admis comme authentique.

Pour moi je ne suis point de cet avis. Quelle que soit pour lui la vénération déjà ancienne des Siciliens, de quelque éclat qu'ils environnent la fête instituée en son honneur le 3 juin de chaque année, si grande même et si respectable que soit leur invariable confiance dans la *Madona della Lettera*, je persiste à penser que les preuves d'authenticité sont non-seulement insuffisantes, mais absolument nulles aux yeux d'une critique sensée. On ne possède

point l'original; la copie la plus ancienne, écrite en latin, remonte au xv° siècle, et fut, dit-on, découverte dans le trésor de la
cathédrale par le Grec Lascaris. Ce qu'il y a de certain, c'est que
l'image de la sainte Vierge était depuis longtemps en vénération
dans Messine, et, comme on l'avait placée sur un *leggio* ou pu-
pitre, on la nommait communément *la Madona del Leggio*, et
en langue vulgaire *del Letterio*, car on dit *Lectorium* dans la
basse latinité. Constantin Lascaris, réfugié en Sicile depuis la prise
de Constantinople, profita de ce mot corrompu pour inventer la
fameuse lettre qu'il dit avoir trouvée dans les parchemins des
archives de la ville, traduite en grec par saint Paul, d'après l'original en langue hébraïque. Au moyen de ce mensonge, le rusé
Grec trompa la ville de Messine et en obtint une honorable récompense. Voilà ce qui me paraît le plus probable touchant cette
fameuse lettre. Cela n'empêche pas que les Siciliens n'aient voué
à *Notre-Dame de la Lettre* un culte plein de gratitude et de confiance. Rien ne leur semble impossible quand ils parlent au nom
de la *Madona della Lettera*. Volontiers lui demanderaient-ils de
précipiter dans la mer le fougueux Etna, lorsque le monstre mugit,
s'apprêtant à couvrir dix lieues de terrain de cendres, de lave et
de ruines. Je les ai vus, à l'heure de l'effroyable bombardement
qui couchait par terre leurs palais de marbre et décimait leurs
familles, parcourir en priant, sans crainte et le chapelet à la main,
l'*Ave Maria* sur les lèvres, les rues jonchées de décombres où la
mitraille volait autour d'eux... Ils portaient la statue de la *Vergine
della Lettera !* Et je dois le dire, car c'est la vérité, là où elle
passa, là s'arrêtèrent visiblement les ravages de la guerre et de
l'incendie. Ce quartier est debout aujourd'hui, et seul il est sans
ruines irréparables.

Cette explication donnée, je rends la parole au *Pàdre Dominico*.

« Un chevalier d'origine illustre vivait ici, il y a bien quelque
cent ans au moins. Grande fortune, nom honorable, famille
puissante, éducation religieuse surtout; rien ne lui manquait de
ce que les hommes appellent les éléments du bonheur. Pourquoi
ne fut-il pas sage? Pourquoi oublia-t-il, ingrat et méchant, les

enseignements de sa jeunesse et les larmes de sa mère mourante ?

» Il vécut mal. Il perdit tout. Le voilà réduit à la misère ! C'était le premier châtiment de ses vices. Il n'ouvrit pas les yeux pour se convertir.

» Le voyez-vous gravir, au milieu de la nuit, sombre, soucieux, enveloppé dans son large manteau, la montagne qui domine le détroit du côté de Milazzo et du Phare ? Une affreuse pensée est entrée dans son cœur, et pour l'accomplir la nuit la plus profonde ne lui semble pas avoir d'assez épaisses ténèbres. Il va invoquer notre ennemi à tous, renier le Dieu qui lui avait tout donné et qui lui offre encore un éternel pardon, se livrer à Satan et vendre son âme. « Signe, lui dis le diable, et tu seras satisfait ! » Il signa.... Un remords de plus entra dans son cœur coupable ; mais dès ce moment tout changea pour le chevalier ruiné. Il ne s'appartenait plus, mais la fortune paraissait lui appartenir.

» On entendait, le soir, l'or s'amasser dans sa demeure ; les richesses l'accablaient, pour ainsi parler ; toujours heureux au jeu, dans ses entreprises, dans ses héritages. Il était redevenu le brillant et opulent gentilhomme que chacun avait connu ; la santé épanouissait de nouveau, sur ses joues naguère amaigries et ridées, les roses de sa jeunesse. Tout lui prospérait à plaisir.... Une jeune femme vint, par une douce union, embellir encore cette existence filée de soie et d'or, et ajouter un fleuron précieux à cette couronne de félicité enviée de tout le monde.

» Pauvres Messinais, ne vous hâtez pas d'envier ! Laborieux pêcheur qui demandes, chaque fois que brille au ciel la scintillante étoile, ta nourriture et celle de ta jeune famille à la mer qui peut engloutir ta frêle embarcation, oh ! que tu es heureux auprès du chevalier de Messine ! Garde aussi ton cœur, mère infortunée que ce luxe fait souvenir qu'il y a peu de pain au logis pour tes petits enfants, et que la figue d'Inde n'a pas répandu encore son fruit appétissant sur les cactus du chemin poudreux qui mène à Taormine ou au village *della Pace*. Votre misère est grande ; mais une paisible conscience ne chasse point de vos

paupières allourdies le sommeil qui répare les forces de la nature
et qui fait oublier un instant tous les maux ; et puis, quand vien-
dra le jour du salaire, le jour du suprême réveil, une couronne
étincelante se placera d'elle-même sur vos fronts radieux, sur votre
chevelure royale !

» Ainsi n'espère pas le chevalier de Messine.... Une date, une
horrible date, pèse sur son âme comme un poids qui va s'alour-
dissant de plus en plus. Elle lui est sans cesse présente ; c'est un
fer rouge qui brûle sa poitrine, c'est un stylet acéré qui le déchire,
c'est un poison circulant dans ses artères enflammées. Et de jour
en jour le fer rouge brûle plus profondément, le stylet s'enfonce
davantage, le venin multiplie ses ravages intérieurs. Cet homme ne
vit plus, pendant que le monde l'admire et vient chercher dans son
palais splendide les jouissances, les plaisirs, les fêtes qu'il offre
sans y pouvoir goûter lui-même.

» Le démon lui avait promis richesses, honneurs, succès de
tous genres, considération ; mais en retour il avait posé des
conditions, et ces conditions avaient été acceptées. « Dans vingt
» ans, avait-il dit, jour pour jour, heure pour heure, tu reviendras
» sur cette montagne... ce sera ton heure, ce sera la mienne....
» D'ici là, marche, gorge-toi de voluptés, emploie ces longues
» années au plaisir. Dans vingt ans, tu es attendu de ton maître !... »

» L'époque approchait, hélas ! bien vite. Qu'est-ce que vingt
années ? qu'est-ce que quarante ? qu'est-ce que la vie la plus
longue ? Et quand l'enfer est au bout, dites-moi, s'arrête-t-on
pour cueillir une fleur sur cette route semée des larmes du désespoir ? Enfants, voyez le paradis ; il est pour vous ; ne le perdez
pas pour quelques fausses jouissances, pour quelques bouquets
trompeurs qui bien rapidement se fanent, laissant dans vos mains
un débris corrompu.

» Un homme qui dans ses beaux jours fut pieux et dévot à Marie
est à la veille de se perdre sans ressource. Le jour est arrivé. Où
donc est Marie ? — Ah ! n'en soyez pas inquiets. Marie a placé près
de l'enfant égaré et vendu un ange gardien, cette femme
angélique qui devine un mystère dans l'existence de son mari

et qui prie. Le Refuge des pécheurs n'en restera pas là.

« Ce soir j'irai à la montagne, » dit le chevalier à la mère de son jeune fils qui lui souriait comme on sourit à six ans ! « j'irai à la montagne, et je ne reviendrai qu'au point du jour, demain. » Il savait bien qu'il ne reviendrait pas....

» La pieuse épouse éprouvait une secrète et indéfinissable inquiétude. Il est remarquable que nous avons presque toujours, avant une catastrophe, je ne sais quel avertissement intérieur que la réflexion ne peut faire taire ; il ne faut pas mépriser ces impressions. L'épouse du chevalier le savait bien, et son cœur ne la trompait guère dans ces circonstances. Elle prie donc encore avec plus de ferveur ; elle verse des larmes au pied de son crucifix; elle conjure la douce Vierge *della Lettera* de ne permettre pas qu'un malheur vienne frapper sa famille, qu'elle lui a consacrée si souvent; elle fait un vœu dont on n'a point su le secret; puis elle se lève comme inspirée, affecte une grande tranquillité d'esprit, et le soir, au moment du départ, l'épouse déclare qu'elle suivra le chevalier son mari, quelque part qu'il aille. En vain il proteste, elle proteste plus haut et plus fermement que lui. On se met en marche, et l'enfant est du voyage. Toute la nuit il fallut s'aventurer dans les gorges difficiles que vous savez, à travers mille risques. Et puis, au lever du soleil, on découvrit une chapelle isolée où un bon ermite allait offrir le saint sacrifice. L'épouse désire y entrer, et notre chevalier s'empresse de profiter de ce moment pour courir seul à son lugubre rendez-vous, dont l'heure approchait et qui n'était plus éloigné que d'une demi-heure de marche.

« Il s'achemine, il double le pas. Certes, ce n'était point l'ardeur de la damnation qui lui donnait des ailes, mais le désir d'épargner à de si doux objets, à sa femme, à son enfant, la vue de son supplice. —N'allez pas si vite, chevalier ; votre femme et votre enfant sont derrière vous qui vous suivent ; la même mule les porte encore, comme elle a fait cette nuit. Attendez, les voici à côté de vous.

» Il souffrait doublement, le coupable chevalier. Aucune parole ne sortait de ses lèvres ; sa marche était moins rapide, la sueur de la mort coulait déjà glacée sur son front ; il sentait par moment que ses jambes fléchissaient sous lui ; une poignante angoisse lui serrait le cœur à l'étouffer. Sa femme ne disait rien non plus. Enveloppée dans ses vêtements pour se préserver, elle et son fils, du froid de la matinée, elle allait en silence et semblait continuer les prières qu'elle avait commencées à la chapelle. Le maudit n'osait seulement lui dire adieu.... et il n'a plus que cinq minutes.

» O spectacle trois fois horrible ! Le démon est fidèle à sa parole ! Il se dresse tout à coup sur la montagne, et son sourire épouvantable accueille la victime frémissante. — Eh bien ! » s'écrie-t-il de cette voix qui fait le désespoir des damnés.... Eh bien ! ne nous hâterons-nous pas, noble gentilhomme de la Sicile ? Avez-vous assez joui, et vous plaît-il que nous terminions en cet instant nos affaires ?.... » Et l'on entendait autour de lui comme le pétillement des flammes et les éclats sarcastiques d'une troupe d'esprits mauvais. — « Maître, s'écrie à son tour le chevalier avec le dernier accent de la fierté, je suis fidèle autant que toi ! Une minute de grâce, je ne te l'ai pas demandée. Trève à tes insultes, et si je t'appartiens, me voici, prends ta victime, elle est prête ! » Et se tournant vers sa femme qui n'avait témoigné ni étonnement ni crainte, il allait murmurer une parole de tendresse et d'adieu, lorsqu'une voix tombe du ciel comme un coup de foudre : « *Arrière, Satan ! reconnais ta souveraine ! Gloire à Marie au plus haut des cieux, et sur la terre bénédictions, amour et louanges !* »

» Le sommet de la montagne est sillonné d'éclairs éblouissants, le sol a tremblé sous un choc invisible auquel le monde même ne résisterait pas..., et dans le lointain des flots d'harmonie qui s'élèvent comme une divine vapeur et qui s'affaiblissent en montant dans les airs.... Le chevalier est à genoux, Satan s'est évanoui comme une fumée ; ni la mère ni l'enfant ne sont là !

» Le chevalier retourne sur ses pas ; il monte dans la petite chapelle, et qu'y trouve-t-il ? Sa femme endormie au pied de l'autel de la Madone, son enfant jouant auprès d'elle avec les roses effeuillées du sanctuaire.... Alors il comprit tout ; son âme, brisée par tant d'émotions, s'humilie et se fond d'amour pour la divine protectrice à qui il doit tout. Marie, envoyant à cette épouse fidèle un sommeil embelli des plus délicieux rêves, avait pris sa figure, et, l'enfant Jésus dans ses bras, elle avait suivi sur la mule le malheureux Sicilien... et Marie l'avait délivré...

» Oh ! dit en terminant le *Padre Dominico*, bénirons-nous jamais assez Marie ! Qu'il n'y ait sur la terre qu'une âme et qu'un cœur pour lui dire : « *O clemens ! ó pia ! ó dulcis Virgo Maria !* »

Satan s'est évanoui.

I V

L'église du Purgatoire

« Quelle est donc, père, dit un jour un des enfants au *Padre Dominico*, cette belle église qui se trouve au milieu de la ville, près de la citadelle du port, et que toujours nous voyons tendue de noir?

— C'est l'église du Purgatoire, répondit le bon vieillard, et je ne sais si vous aurez fait attention au grand tableau qui la décore, représentant un jeune homme délivré d'une troupe ennemie par une armée céleste. Ce tableau est très-remarquable. Et quant à l'église, c'est un de nos plus beaux édifices, bien qu'elle soit petite. Je vous en raconterai l'origine.

» Tout ce qui est de piété naïve, expansive, compatissante, vous le trouverez dans le cœur du Sicilien. Où le Saint-Sacrement est-il plus honoré, où le mois de Marie se fait-il avec plus de solennité, où la Madone a-t-elle plus d'autels, de confréries, de processions, de lieux de pèlerinages, que parmi nous? Où songe-t-on davantage aux bonnes âmes du purgatoire? Il ne faut pas les oublier ces chères âmes, mes petits enfants; il faut beaucoup penser à elles, comme vous y exhorte l'Eglise et comme saint François de Sales y engageait les fidèles de son temps. Pauvres âmes! parce qu'elles ont franchi le douloureux passage, parce que leur enveloppe corporelle repose au sein de la terre, nous n'osons, en quelque sorte, évoquer leur image, vivre avec elles par la prière et par le souvenir. Je vous le demande, cela est-il chrétien? Est-ce même le fait d'un cœur naturellement droit? Sous ce rapport les païens nous font souvent la leçon; voyez, par exemple, comme les Chinois aiment à penser à leurs morts, à s'en entretenir, et quel culte les habitants du Canada vouent aux leurs ! Et nous, nous semblons craindre nos chers morts ; leur souvenir nous importune, et quand par hasard on vient à les nommer dans la conversation, il y a toujours quelqu'un là pour dire : Ne parlons pas de cela !

» Tels n'étaient ni les sentiments ni les craintes d'un noble seigneur de Messine, qui vivait il y a comme deux cents ans. Héritier d'une famille où la piété se transmettait comme le premier des biens, il avait été dès son enfance frappé, étonné, affligé de l'insensibilité des hommes pour ceux qu'ils ont aimés, une fois que la mort a mis entre eux sa barrière momentanée ; et devant Dieu il avait bien promis qu'il aurait toute sa vie une conduite différente. Il ne manqua pas à cet engagement. Toutes les semaines il entendait une messe à l'intention des âmes du purgatoire, et continuellement il offrait de bonnes œuvres pour leur soulagement et leur repos. La pensée de ce qu'elles endurent de souffrances l'occupait nuit et jour, à la ville, dans sa villa des montagnes, au milieu des fêtes où son rang l'obligeait à paraître, et plus d'une fois on le surprit les yeux mouillés des larmes de sa sainte préoccupation. Alors il rentrait dans son palais, prenait un cilice sous ses riches habits, et ses domestiques, qui l'entendaient soupirer, le trouvaient à genoux aux pieds d'un crucifix, à l'heure où les jeunes nobles de son âge se livraient aux plaisirs des théâtres et des bals. On disait même que, pendant un hiver rigoureux, il avait passé plus d'une nuit sur la terrasse de sa maison de Messine, contemplant les étoiles qui brillaient au ciel et pleurant pour tous ceux qui, pendant leur vie, avaient attaché leur cœur à la terre, et qui expiaient dans les feux du purgatoire leur mondanité et leur mollesse. La mer baignait les murs du palais, et les gémissements du pieux et saint jeune homme s'étaient plus d'une fois mêlés au bruit de l'orage pendant les longues heures des ténèbres. Un été, on le vit à genoux, tête nue sous les rayons du soleil, priant de toute son âme et se frappant la poitrine. Aux questions qu'on lui adressait sa réponse était toujours la même : « Pauvres âmes du purgatoire ! quelles douleurs ! quels tourments ! comment penser à autre chose ? »

» Ainsi Dieu envoie de temps en temps à la société des siens de ces cœurs appelés par le monde exagérés, maniaques, insupportables gens, parce que le monde ne les comprend pas et qu'il trouve dans leur conduite une censure de la sienne. Leur mission est de continuer l'œuvre des saints, et à chacun d'eux est attribuée une des glorieuses folies de la croix, suivant l'expression de saint Paul. Ils viennent réveiller par leurs exemples l'insensibilité du plus grand nombre, et exciter quelques chrétiens mieux disposés, à les imiter et à glorifier Dieu.

» Un jour, on vit une grande joie dans le palais du jeune seigneur ; ses serviteurs et ses amis, dont il était l'idole, vinrent le féliciter et lui baiser la main : une fortune immense lui était léguée par un cousin éloigné qu'il avait à peine connu et dont la mort lui causait, conséquemment, peu de regrets personnels. Cet héritage princier était tout à fait inattendu. Notre bon jeune homme, au lieu de se réjouir comme on le faisait autour de lui, commanda aussitôt des vêtements de deuil, fit dire un grand nombre de messes et distribuer des aumônes considérables pour l'âme de son parent défunt. Or, pour recueillir l'héritage, il fallait entreprendre un assez long voyage à travers les montagnes, qui, à cette époque, étaient infestées de brigands. On lui conseilla donc de partir de très-bonne heure, afin d'éviter de se trouver la nuit exposé à tous les dangers de la route. En Sicile, vous l'avez vu, nous n'avons pas de grands chemins ; aucun des gouvernements qui ont passé sur notre terre ne nous a dotés de ces voies de communication qui facilitent le commerce, l'agriculture, les relations entre provinces, et qui sont une des conditions premières de la civilisation d'un peuple. Dieu peut-être, et nous l'en conjurons, nous regardera en pitié quelque jour. Les avis que l'on donnait au jeune héritier étaient donc de circonstance et tout à fait à suivre ; il en reconnaissait la justesse ; mais, aller se mettre en possession des biens d'un mort sans que le premier pas fût une prière, il n'y pouvait songer. Fidèle donc à sa coutume,

il voulut entendre avant son départ la grand'messe des morts,
chantée avec une pompe particulière dans son palais, en présence
de toute sa maison. Après cet acte religieux, il monta à cheval et,
suivi d'un seul serviteur, il commença son voyage. La chose était
facile à la lumière du jour.

» Mais il eut beau se presser, marcher dans la plus grande chaleur du jour, la nuit le surprit dans une gorge profonde, entre
deux montagnes, non loin du Phare, à peu près dans le site pittoresque et sauvage où s'est depuis élevé l'ermitage de Trapani,
lieu célèbre sur cette côte, but des plus belles excursions des
touristes et des peintres qui veulent admirer la magnificence de la
nature méridionale. Tout à coup retentit le bruit aigu du sifflet;
des brigands armés débouchent d'un sentier caché, entourent les
deux voyageurs, les désarment, les dépouillent, et, non con-
tents du butin qu'ils viennent de faire, leur intiment de se préparer
à mourir, parce que l'heure suprême va sonner pour eux.

» Le jeune homme était peu effrayé de ces menaces; la constante
union de son âme avec Dieu lui faisait envisager sans trop de terreur l'instant où pour jamais elle se précipiterait dans le sein de
son Créateur; mais il songeait à son pauvre écuyer, qui, tremblant, le désespoir sur le visage et sur les lèvres, poussait de dé-
chirants cris de détresse. « Console-toi, lui dit-il : pense qu'un
» bonheur éternel va nous être acquis par quelques instants de
» souffrances; je t'en conjure, mon ami, ne perds pas en vaines
» lamentations des instants si précieux. Mon Dieu, ajouta-t-il aus-
» sitôt, venez au secours de cet homme qui va mourir à mon
» occasion, recevez-nous dans votre sein paternel. Ce court mo·
» ment de douleur qui m'est réservé, je vous l'offre encore, der-
» nier hommage de ma vie, pour les âmes du purgatoire, espérant,
» mon Dieu, que par votre grande miséricorde vous sauverez la
» mienne de ces flammes. »

» Il se met à genoux et attend le coup terrible.... Mais quels
sont ces chants lointains et harmonieux qui arrivent subitement à
leurs oreilles? Quels sont ces pas de chevaux qui se rapprochent
et qui deviennent de plus en plus distincts? Quelle est enfin cette

armée radieuse qui descend des hauteurs, inondée des rayons
argentés de la lune et accompagnée d'une musique céleste qui
ravit et captive les condamnés eux-mêmes? Ce sont de beaux jeunes
gens, pâles, mais brillants de clarté, montés sur de blancs chevaux qu'ils retiennent avec des brides d'or; leurs casques sont
surmontés de plumes blanches et bleues qui se balancent au souffle
de la brise du soir; leurs boucliers éblouissent les yeux; une
écharpe d'azur ceint leur taille; une croix lumineuse brille au
centre de chaque bouclier; dans leurs mains, au lieu d'épée,
flamboie aussi la croix.

» Un de ces guerriers, à la course légère, précède les autres
et semble diriger leur marche. Ils arrivent en un clin d'œil, rapides
comme la flèche, auprès du jeune homme qui prie et se résigne;
les voleurs tombent le visage contre terre, comme frappés de la
foudre. « Marche maintenant, mon frère, dit une voix douce
» comme celle des anges; relève-toi, et avance avec ton serviteur
» jusqu'au lieu de ta destination; voici que nous t'accompagnons
» pour te défendre. » Et le jeune homme marche avec son serviteur, et des chants d'église, les chants pour les morts, couvraient
le bruit de ses pas, mais chantés d'une manière si suave, qu'il
se sentait ravi de joie et de consolation. L'armée sainte répondait
en chœur, et les échos des montagnes prolongeaient ces hymnes
en les répétant au loin.

» Le château vers lequel on se dirigeait parut au milieu des
clartés nouvelles qui environnaient nos voyageurs transportés et
se croyant les jouets d'une hallucination inexplicable. La troupe
inconnue s'arrête alors; les guerriers s'approchent du Sicilien,
l'entourent, le félicitent et le bénissent; peu à peu les chants
diminuent et se taisent. « Mon frère, dit une seconde fois le chef
» dont les pieds ne touchaient point la terre, mon frère, loin
» que tu aies à nous remercier, permets que nous venions nous-
» mêmes t'offrir des gages de notre reconnaissance. Tu vois ici
» les âmes du purgatoire pour lesquelles tu as souffert et prié.
» C'est en ma faveur que ce matin encore tu faisais immoler l'au-
» guste Victime du salut, et pour cette œuvre de charité tu ris-

« quais ta vie. Dieu n'a pas voulu que ce sacrifice se consommât.
» C'est lui qui envoie pour te délivrer ceux à qui tu as par tes
» prières ouvert le ciel. Adieu, mon frère ; nous nous reverrons
» un jour. Sois jusqu'à la fin aussi fidèle, aussi compatissant ! »

» Et les chants se résumèrent en un immense *alleluia*, qui
traversa les solitudes de la Sicile, et le jeune héritier se trouva
seul avec son serviteur. Il recueillit le bien qui lui appartenait, et
revint à Messine.

» C'est lui, mes enfants, qui a fait bâtir l'église du Purgatoire
telle que vous l'avez vue, et qui l'a dotée richement. Le tableau
rappelle sans cesse aux habitants le nom du bienfaiteur et l'occasion du bienfait. Dans cette église, toutes les messes, sans exception, pendant toute l'année, se disent pour les âmes des défunts.
Cette institution est une des bénédictions de notre ville. *Seigneur,*
dit le Psalmiste, *illuminez mes yeux, afin que jamais je ne
m'endorme dans la mort.* »

Quand *Padre Dominico* eut fini, nous ouvrîmes, pour achever
la soirée, un livre qui se trouvait sur la table, et nous y lûmes les
lignes suivantes, qui revenaient si bien à nos pensées : « Quand
même il faudrait se résigner à ne regarder la légende que comme
la mythologie chrétienne, selon l'expression méprisante des grands
philosophes de nos jours, encore nous paraît-elle une source de
poésie bien autrement pure, abondante et originale, que la
mythologie usée de l'Olympe... Sous le point de vue purement
historique, les traditions populaires, et notamment celles qui se
rattachent à la religion, si elles n'ont pas une certitude mathéma-
tique, si ce ne sont pas ce qu'on appelle des faits positifs, en ont
eu du moins toute la puissance, et ont exercé sur les passions et
les mœurs des peuples une influence bien autrement grande que les
faits les plus incontestables pour la raison humaine. A ce titre elles
méritent assurément l'attention et le respect de tout historien
sérieux et solidement critique... Partout et toujours elles gravaient
dans les convictions populaires la victoire de l'esprit sur la matière,
de l'invisible sur le visible, de la gloire innocente de l'homme sur
son malheur, de la pureté primitive de la nature sur sa corruption.

La moindre petite légende catholique a gagné plus de cœurs à ses immortelles vérités que toutes les dissertations des philosophes... » (Montalembert, *Vie de sainte Elisabeth*.)

Au reste, ajoutons-le, les peuples primitifs, ceux du Midi surtout, lisent peu ; mais, comme il faut à leur mobile et ardente imagination un aliment continuel, ils racontent beaucoup. Leurs légendes, marquées au cachet le plus vrai des espérances, des pensées ou des craintes qui les dominent, sont un des feuillets les plus riches, les plus intéressants, les plus caractéristiques de leur histoire ; on ne connaît guère, nous le répéterons, un peuple dans tout ce qu'il a de plus intime, quand on ne s'est pas mêlé à lui pour entendre ses récits traditionnels et populaires. Le mahométisme ne présente à l'espérance de ses adeptes que les jouissances matérielles, les richesses, la volupté : eh bien, tous les contes orientaux, toutes les narrations de l'Egypte et de la côte d'Afrique, où domine ce culte, roulent exclusivement sur des découvertes de trésors, sur des aventures fantastiques où les génies apportent à leur favori la clef des richesses ou des plaisirs ; tandis que la légende chrétienne montre constamment le triomphe de la vertu sur le mal, de l'esprit sur la chair, par suite d'une protection divine. « La poésie, dit à son tour M. Louis Veuillot (*Rome et Lorette*), la poésie ne peut rien inventer de charmant, d'élevé, de dramatique (on voudra bien, j'espère, me pardonner le mot), dont les récits qui se font entre chrétiens n'apportent à toute heure des exemples délicieux. Nulle part le grand spectacle de l'intervention divine n'apparaît plus souvent et avec de plus douces clartés ; nulle part l'action de ce pouvoir souverain, qui veille paternellement sur le monde et sur chaque individu, ne vient plus à propos consoler, raffermir, éclairer le cœur. Mes amis (j'ai déjà eu l'occasion de le dire, et je le remarquais sans cesse) me semblaient les fils d'un roi puissant, qui recevaient mille preuves du constant amour de leur père, qui le bénissaient, qui s'entretenaient avec sécurité de lui, de ses amis, de son royaume, où ils comptaient bien retourner. »

Le simple et naïf campagnard qui, le soir, après les fatigues du jour , redit à sa jeune famille ces histoires vieillies , auxquelles il croit comme il croit à son père de qui il les tient , semble alors véritablement un fils déchu de ce premier roi que nous appelons Adam et qui se souvient de son origine pour s'animer à reconquérir ce qu'il a perdu. Oh ! quel charme profond n'éprouve donc pas l'étranger lorsque , loin de sa patrie , de sa famille et des siens , sous un ciel inconnu, il se voit, par la communauté des sentiments que réveille autour de lui la légende, en relation de cœur avec une nouvelle famille , au sein de la grande patrie chrétienne ! La curiosité fait place à de plus douces préoccupations, ou plutôt, s'alliant sans peine avec elles , de ces deux impressions résulte pour lui je ne sais quelle indéfinissable jouissance qui le remue délicieusement.

Terminons par une dernière citation sur ce sujet. « Qu'avons-nous gagné , s'écrie un brillant écrivain , M. X. Marmier , à nous dépouiller de ce réseau de fictions si riantes ou si sérieuses, qui , à chaque instant, donnaient un grave ou léger essor à notre imagination? En sommes-nous plus heureux, plus forts et meilleurs ? Hélas ! quant à moi , dussé-je passer pour un esprit fort arriéré, j'avouerai que je regrette ces temps de crédulité candide où chaque forêt sombre avait ses contes , chaque village sa tradition , chaque chapelle sa légende. Une des causes de mon affection pour ce peuple de Suède , au milieu duquel j'ai trouvé un paisible asile , c'est qu'il n'a point encore sacrifié aux belles leçons des temps modernes son ancienne poésie, c'est que dans la plupart des habitations champêtres de ce pays il existe un grand nombre de chants populaires , de croyances traditionnelles, de coutumes domestiques, qui rappellent les jours poétiques du moyen âge. Montrez-moi que ce que vous appelez fièrement la science humaine a , sur quelque point que ce soit, purifié, ennobli le sentiment moral , et je m'incline avec vous devant vos rhéteurs et vos écrivains. Mais, de quelque côté que je me tourne , je ne vois que vaines puérilités , inutiles labeurs , hypothèses douteuses, outrecuidance, mensonge. » (*Les Emigrés en Suède* , I.)

V

Le gouffre

Le lendemain, *Padre Dominico* nous annonça une légende
nouvelle. Quand le cercle fut formé, au milieu du grand salon
aux larges dalles de pierre blanche et sur les siéges de cordes
d'aloës, le bon père entama son histoire.

» S'il y a sur la terre un crime qui blesse le cœur de Dieu,
c'est assurément celui de souiller les jeunes âmes qu'il avait créées
pour le bien. Son Evangile contient une terrible malédiction contre
ceux qui scandalisent les petits enfants, et dès ce monde le plus
souvent il tire d'un péché pareil une éclatante vengeance.

» Lorsque vous vous promenez dans notre ville, si belle encore
malgré toutes ses catastrophes, et surtout malgré son dernier
tremblement de terre, je ne sais si vous vous arrêtez quelquefois
dans la rue d'Autriche (*strada di Austria*), qui avoisine l'église
du Purgatoire, et qui conduit de la cathédrale à Terra-Nuova, où
se trouve la grande citadelle. A l'endroit où les maisons cessent et
où l'on entre dans le grand chemin, sur la droite, il y a des
ruines, et dans ces ruines on vous montrera un creux, un gouffre,
un précipice, dont il paraît qu'on n'a pu jusqu'ici combler l'ef-
frayante profondeur. Là s'élevait, dans le xve ou xvie siècle, un
palais aux réguliers contours, aux balcons dorés et bombés, à la
façade imposante, aux terrasses couvertes d'orangers et de fleurs.
Là aussi vivait une riche et puissante dame, veuve depuis plusieurs
années, et n'ayant qu'une fille dont elle avait voulu faire elle-
même l'éducation.

» Charge difficile, travail sacré dont il n'est pas donné à tout le monde de s'acquitter convenablement, et dont moins que personne cette femme était capable! Et en effet, que faut-il pour une éducation sérieuse? Il faut du dévouement, de l'empire sur soi-même, des lumières; il faut donner l'exemple au moins autant que le précepte. Et cette femme n'avait pu se contraindre longtemps. Il n'avait pas été difficile à l'enfant, en grandissant, de s'apercevoir que sa mère n'obéissait qu'à ses passions, que sa mère aimait le grand monde, les spectacles, les réunions, les bals; que ses devoirs religieux occupaient dans son existence une place toute secondaire, que venait encore souvent leur disputer le plaisir. Elle en avait conclu que tous les beaux principes de la morale ne sont qu'une gêne volontaire dont il est bon de s'affranchir dès qu'on le peut, et elle s'était bien promis de faire ainsi un jour. Coupable mère! fille insensée!

» Le mal, pour entrer dans une famille, ne demande qu'une légère ouverture; il glisse alors, puis il s'enfle, il grandit, il envahit! La mère, allant de faute en faute, oubliait sa fille, qui avait tout vu et qui, elle, n'oubliait rien. De sorte qu'au bout de quelques années on vit dans le palais de la *strada di Austria* un véritable enfer. Ni la religion ni la morale naturelle n'y étaient connues; le scandale sortait à jour entier de cette maison maudite; le désordre y avait élu domicile, et le blasphème lui-même y faisait parfois entendre ses horribles provocations à la Divinité. Dieu s'était tû pour un temps, mais sa justice allait éclater. Ecoutez comment la chose arriva.

» Une grande fête devait se donner dans la ville. Appartenant à l'une des familles les plus haut placées, la veuve avait reçu une invitation pour elle et pour sa fille; elle avait promis de s'y rendre, et dès cet instant on ne la vit plus occupée que du soin de tout préparer pour ce jour. Vanité, orgueil, impudicité, discours exécrables, voilà ce que, suivant une habitude déjà enracinée en elle, elle y allait chercher et ce dont les occasions ne lui manqueraient pas. Le soir venu, elle se renferme donc dans son appartement, et elle se prépare. Je n'ai point besoin d'entrer dans les détails de cette toilette, où le corps recevait au détriment de l'âme un culte dont on oublie qu'il faudra rendre compte un jour. La riche veuve se couvrait de pierreries et d'ornements d'or ; les fleurs couronnaient sa tête ; elle pensait, joyeuse, à l'effet que devaient produire dans la société tant de luxe et une telle profusion de joyaux. Sa fille, non loin de là, dans un appartement voisin, se livrait aux mêmes occupations et à des pensées semblables.

» C'était pour elles une occasion de réjouissance, un jour impatiemment désiré ; et pourtant une secrète terreur, dont le motif leur échappait, les tourmenta l'une et l'autre, sans qu'elles se fussent communiquées leurs pensées. Des idées de remords se faisaient jour à travers les idées de la vanité. Un étrange pressentiment, en un mot, agitait ces cœurs si malades devant Dieu.

» Il était près de dix heures. Les lumières s'étaient peu à peu, et l'une après l'autre, éteintes dans les maisons voisines ; on entendait, régulier comme le balancier d'une horloge, le clapotement des vagues contre la jetée du port ; le ciel était parsemé d'étoiles, l'air chaud et parfumé, malgré la brise de nuit qui soufflait. Seulement, à l'extrémité de la grande rue, il y avait un concours nombreux, et le concert allait commencer.

» La veuve achevait de donner à sa toilette un dernier coup d'œil.... Tout à coup elle s'arrête, saisie, les yeux fixés sur son miroir : là, dans cette glace qui devrait reproduire une tête environnée de dentelles et de fleurs, elle aperçoit, mais bien distinctement, mais à ne pouvoir s'y méprendre, la figure du divin Sauveur, pâle, les yeux baissés, d'où coulaient des larmes mêlées de sang ; une couronne d'épines enfonçait dans la chair ses pointes meurtrières... Et voilà que ces paupières se soulèvent, que ces yeux s'attachent sur la pécheresse, et qu'il en sort des éclairs.... En vain la malheureuse veut fuir ce spectacle ; elle se sent clouée devant lui par une force surhumaine, et il lui faut bien le subir... Oh ! que ne fit-elle alors un de ces actes de repentir qui touchent le cœur de Dieu et qui lui arrachent le pardon d'un siècle d'iniquités !

» Elle ne le fit point ; mais, endurcie contre la grâce, que dix ans de désordres lui avaient appris à fouler aux pieds, elle blasphéma !

» Et les éclairs qui sortent de la tête divine deviennent plus menaçants.... Elle veut les éviter ; abaissant ses paupières, elle attend que la vision ou l'hallucination ait cessé.

» Mais une voix retentit comme un coup de tonnerre : « Voici que l'heure est venue !.... »

» Et un vent violent s'élève autour du palais ; le ciel se couvre de nuages, la mer s'agite dans son lit, les murailles tremblent et semblent près de s'écrouler.

» La veuve pousse un cri de désespoir : car l'image du Sauveur a disparu, et à sa place se montre, grimaçant d'une joie féroce, le démon qu'elle a servi et qui vient sans doute réclamer sa proie. Déjà elle sent les flammes qui la dévorent intérieurement.... Et dans le lointain la musique jouait des airs de fête...

» A ce cri, dont on ne peut rendre toute la douleur, la fille accourt. Elle entre. O vue déchirante et terrible ! Sa mère, possédée d'une rage inexplicable, se frappe elle-même, se met en lambeaux, pousse des hurlements sans fin, se roule sur le parquet, puis se relève et saute comme une folle, en criant : « Je suis damnée ! Mon juge m'a damnée !... damnée !... damnée !... » Et bondissant par un mouvement convulsif, elle retombe dans un gouffre qui vient de s'ouvrir sous ses pas et d'où sortent des jets de flammes qui consument le palais.....

» Quelques années après, dans l'un des couvents de Messine, la cloche sonnait le tintement de l'agonie. Réunies autour d'une jeune compagne qui allait mourir, les religieuses récitaient en chœur les prières des agonisants. Arrivées à ces paroles des litanies des saints : *De la damnation éternelle délivrez-nous, Seigneur,* la malade ouvrit les yeux, et les fixant sur le crucifix, elle s'écria : « Pardon, mon Dieu ! oh ! faites que je ne dise point comme elle à mon dernier jour : *je suis damnée !* » Et une sainte s'envola au ciel...

» Les ruines du palais n'ont point été réparées ; le passant les visite en se signant , et tous les efforts pour combler le gouffre ont été jusqu'ici inutiles. »

Padre Dominico se signa lui-même ; ce que firent dévotement les enfants sur l'injonction de la vieille Nannette. Seigneur, Seigneur, que vos créatures se conduisent si bien sur la terre, qu'elles méritent de voir votre doux visage de père pendant l'éternité !

PADRE DOMINICO

VI

Causeries

Les récits et les légendes ne nous occupaient pas exclusivement.
Nous avions la musique aussi, la musique telle que l'entendent et
l'exécutent les Italiens, qui sentent ce qui est beau et qui le font
vivre dans l'harmonie des sons. Quelle douce et pure jouissance,
lorsque, réunis le soir sur le pont brillamment illuminé de la
Psyché, au milieu d'une foule joyeuse, sous un ciel resplendis-
sant d'étoiles et pendant que la vague indolente clapotait à la quille
du navire, nous nous recueillions pour écouter nos artistes messinais ! Ni la toile, fût-on le Bolognèse ou Joseph Vernet, ni la
poésie même, si expressive et si puissante sous la plume d'un
Lamartine ou d'un Millevoye, ne répondraient à la richesse de ces
souvenirs. Et puis, nous avions la poésie, inséparable compagne
et âme de la musique. Il ne faut pas juger des imaginations méridionales par cette froide faculté qu'on décore d'un pareil titre dans
le Nord ; tout le monde, sous le ciel splendide de l'Orient et du
Midi, est poëte un peu ; les grands poëtes, ceux qui le sont tout
à fait, sont très-nombreux. Il y a dans cette bénigne atmosphère,
je ne saurais dire quelle émanation particulière qui rend l'homme
plus disposé à s'exalter et à sentir.

Je n'ai pas eu l'intention de citer, à propos de poésie. Cependant
grâce pour deux ou trois morceaux qui ne peuvent que plaire au
jeune lecteur et qui méritent véritablement une exception.

Un soir, nous avions fait en mer une excursion charmante.
Quand on parle de mer, voyez-vous, il faut songer à la Méditer-

ranée ! Les autres mers peuvent être plus majestueuses, plus étendues, plus puissantes dans les emportements de leur colère : aucune ne sourit comme elle au pélerin ; aucune n'évoque autant d'impérissables souvenirs religieux, littéraires et historiques. Pouvions-nous penser à autre chose, dans notre élégant et rapide canot ? Le comte de M**** céda aux transports de son enthousiasme, et traduisit ainsi nos communes et vives impressions :

Mugis dans ton abîme, ô Méditerranée !
Brise sur tes écueils ta lame déchaînée.
N'importe ! on t'aime encor jusque dans ta fureur,
A l'œil émerveillé tu restes toujours belle.
Vers toi, pour adorer la splendeur éternelle,
On se sent entraîné par un charme enchanteur,
Et, pour mieux t'admirer, en même temps trois mondes,
Qui se tiennent penchés sur tes vagues profondes,
    Rendent hommage à ta grandeur.

L'Asie a posé Troie au bord de ton rivage,
L'Afrique sur tes eaux a bâti sa Carthage,
L'Europe y fonda Rome aux murs de sang pétris !
Tu souris en voyant leur puissance éphémère.
De l'empire éternel a croulé la chimère !
Dès qu'un peuple est tombé, tu saisis ses débris ;
Tu roules sous tes flots les monuments d'Athènes
Avec l'aigle brisé des légions romaines
    Et le sceptre de Sésostris !

Quand Dieu de l'univers fixa la destinée,
Il sembla décréter, ô Méditerranée,
Que tout prodige irait illustrer ton bassin.
A son lever c'est toi qui réfléchis l'aurore ;
De tous temps l'on a vu les grands hommes éclore
Au souffle fécondant exhalé de ton sein.
Souvent, sur toi penché, s'inspira le prophète,
Et ta brise a passé sur la divine tête
    Qui racheta le genre humain.

Un autre jour, c'était le souvenir d'une mort chrétienne, en regard du châtiment de la légende du gouffre.

Monte au ciel, ô Marie! et dans un saint transport,
Ainsi qu'un voyageur qui pressent sa patrie,
Brise tous tes liens pour t'élancer au port!
    Monte, monte, Marie!

La terre est belle, oh! oui, quand riant sous ses pleurs
L'aurore à son lever scintille sur les plages,
Quand les jeunes gazons se revêtent de fleurs,
    Et les bois de feuillages.

Et quand, à son retour des torrides climats,
Suspendue aux arceaux, gazouille l'hirondelle.
Mais l'oiseau du printemps, dès qu'il sent les frimas,
    S'envole à tire d'aile;

Mais les douces clartés que jette le matin
Font place avant le soir aux haleines brûlantes;
Mais les fleurs dont l'éclat se flétrit et s'éteint
    Tombent au pied des plantes;

Mais dans les bois enfin, si touffus et si beaux,
Les arbres effeuillés se font nus en automne,
Et la mousse succède, en rongeant les rameaux,
    A leur verte couronne!...

Oh! de la vie, enfant, n'atteins jamais le soir!
Ne sens jamais tomber l'illusion flétrie
Ni les soucis rongeurs sur ta tête s'asseoir:
    Monte au ciel, ô Marie!

Vole en ces régions où tout est éternel,
Où l'herbe dans les prés reste toujours fleurie,
Où l'amour est plus pur que l'amour maternel:
    Monte, monte, Marie!

Tu laisses, en partant, ton père dans les pleurs,
Et ceux dont la vieillesse était par toi charmée
Te chercheront encor longtemps dans leurs douleurs,
    Compagne bien-aimée!

Tu les protégeras du céleste séjour,
Tu veilleras sur eux, tu traceras leur voie;
Vers eux Dieu t'enverra d'en haut, comme en ce jour,
    Chère enfant, il m'envoie....

Monte , monte , Marie ! et dans un saint transport,
Ainsi qu'un voyageur qui pressent la patrie ,
Brise tous tes liens pour arriver au port !
    Monte au ciel , ô Marie !

La voix avait cessé... sans haleine , et les yeux
Toujours fixés en haut , la vierge sur la terre
Paraissait écouter.... Elle était dans les cieux
    A côté de sa mère... [1]

Ces sujets étaient grands. Les moindres incidents de la vie en fournissaient de moins élevés, où brillaient par là même, à un plus haut degré, l'inspiration poétique et le sentiment. Le lecteur partagera cette appréciation quand il aura lu les strophes si délicates que mes yeux et ma main retrouvent avec un indicible plaisir dans les notes que je dois compulser. Il y reconnaîtra à la fois la mère chrétienne et l'âme échauffée du feu sacré.

A mon enfant le petit GEORGES ,

qui disait à sa bonne, en refusant de mettre une robe de la veille :

Je ne veux pas de tache !

Pas de tache , ô mon ange ! Oh ! sois toujours le même !
Que toujours ce front blanc de l'empreinte suprême
    Reflète la candeur.
Que ton âme toujours pense à son origine ;
Que , blanche enfant des cieux , elle reste divine ;
Que jamais le serpent ne souffle sur ma fleur !

Pas de tache , ô mon ange ! En cette âme naïve
Que la foi reste ferme, et l'espérance vive.
    Hélas ! tu souffriras...
Mais, regardant la croix en tes moments d'alarmes,
Quand un homme te blesse, un Dieu lui tend les bras !

Pas de tache , ô mon ange ! Il est une autre sphère
Que l'on nomme le ciel, un Dieu qu'on nomme Père,

[1] Ces deux pièces ont paru dans les œuvres de M. le comte de Maricourt, leur auteur. — Paris, Goujon et Milon , rue du Bac.

Un monde lumineux :
C'est là notre destin , c'est là notre patrie.
O ma fleur , que jamais le péché n'a flétrie ,
Que cet espoir t'éclaire en tes jours orageux !

Pas de tache , ô mon ange ! Ecoute ma prière ,
Mon Dieu ! de ces beaux yeux que jamais la lumière
          Ne se voile de pleurs !
Que jamais, mon Sauveur, cette tête dorée
Sous le poids du malheur ne se penche éplorée !
Donne-moi chaque épine , et laisse-lui les fleurs !

Et , après cette lecture qui nous avait impressionnés au dernier degré, la petite Anna, qui parlait faiblement encore , demandait dans son langage enfantin : *Pourquoi donc vous pleurez ? Anna n'est pas malade...* Et le petit ange baisait sa mère en souriant ; elle ignorait ce que c'est qu'une tache, une épine, une fleur flétrie. Elle ne savait pas qu'il y a d'autres larmes que celles de la douleur , et que l'attendrissement en produit de bien douces.

La bonne Nannette murmurait une prière en égrenant son chapelet , et le vénérable *Padre Dominico* , qui entendait difficilement notre langue, disait tout bas dans la sienne, en joignant les mains : *Ils ont cherché d'utiles paroles , et leurs discours sont pleins de droiture et de vérité.* (ECCL., C. XII. V. 10.)

Nous aimions à entretenir aussi nos Siciliens de leurs belles cérémonies religieuses. La religion, parmi eux , est bien en vérité populaire ; chacun concourt de tout son pouvoir à la solennité, aux pompes des fêtes. Le 15 août, par exemple, le vieux *Salvatore Bensaja* , ce héros taillé à l'antique que j'ai déjà nommé, avait réuni devant sa maison ses nombreux amis, parmi lesquels il va de soi que nous étions comptés. La rue était tendue de tapisseries élégantes et riches, et coupée par un autel chargé de fleurs et de luminaires avec des girandoles infinies de verres de couleur. Sur une tribune qui faisait face à ce sanctuaire en plein vent, un orchestre brillant et nourri exécuta jusqu'à minuit, au milieu des *vivat* de la multitude, les plus délicieuses symphonies. Les rafraîchissements que l'on faisait circuler donnaient à tout cela une physionomie de famille qui ouvrait l'âme aux meilleures inspirations. Des pièces d'artillerie partaient de tous côtés. Ce peuple, je l'ai dit, est essentiellement artiste; la musique l'enthousiasme, et quand à ce goût prononcé se joint le sentiment religieux, si vif et si dominant chez lui, on n'imagine pas à quel point il devient sublime. Rien ne peut, à mon avis, dans nos contrées du Nord, tristes et glacées, donner une idée de ces choses; il faut les sentir, il faut les voir. Là, sans ostentation, sans parade, par un simple mouvement de cœur, la foi préside à toutes les joies nationales, parce qu'elle a pénétré dans les mœurs. La mère qui a mis au monde un enfant, que dans un instant elle couvrira de ses baisers, ne doit le recevoir dans ses bras qu'après le baptême; il est jusque-là, pour elle, une sorte d'étranger qui ne lui appartient pas encore. Aussi, quels transports lorsque la famille empressée lui remet, à elle la première, au sortir de l'église, le petit ange dont le nom vient d'être inscrit au ciel! Touchant usage que nous avons eu autrefois en France, et qui s'en est allé à la suite de tant d'autres!

La procession de la matinée de Pâques, à Messine, est incontestablement une des belles cérémonies de l'île. Deux groupes séparés de religieux, de prêtres, de fidèles, vont promenant, sur un brancard doré et magnifiquement recouvert d'étoffes précieuses, l'image de la sainte Vierge et celle du Rédempteur. La divine Mère semble livrée à toute l'amertume qu'elle vient de ressentir au pied de la croix; c'est pour elle encore le vendredi-saint et ses douloureuses horreurs; elle semble errer dans la cité, inconsolable, car son bien-aimé n'est plus! Jésus, au contraire, glorieux et touchant à peine l'autel, apparaît dans tout l'éclat de sa résurrection, entouré d'une infinité de flambeaux, couvert de fleurs et étincelant d'or et de joyaux. Chacun des deux cortéges prend une direction opposée, à travers les rues de la ville; ils feignent cependant d'aller à la recherche l'un de l'autre. Enfin, les deux images saintes se rencontrent en face de la cathédrale. C'est un moment que la foule salue de ses acclamations, comme elle l'a appelé de toute son impatience. Marie recule trois fois, pour exprimer le doute et la surprise à la vue inespérée de son Fils;

enfin elle le reconnaît, s'approche de lui, et ensemble ils entrent dans l'église et vont se reposer au fond du sanctuaire. En même temps, une multitude de petits oiseaux, tenus captifs jusqu'à ce moment, prennent joyeusement leur volée à travers les portes et les fenêtres et vont porter au ciel cette heureuse nouvelle, pendant qu'une décharge épouvantable de pièces d'artifice et de mousqueterie l'annonce à la terre. Comme cette image parle bien au cœur du peuple pour lui faire comprendre la délivrance des âmes ! En Espagne, j'ai vu souvent aussi, au milieu des fleurs et des arbustes qui font du sanctuaire un parterre odoriférant et pittoresque pendant les quarante-heures, d'innocents habitants de l'air attachés sur les branches et obligés de célébrer en face le Dieu qui les a faits si beaux.

Bon gré mal gré, les Siciliens entendent que la sainte Vierge leur ait adressé la fameuse lettre de l'an 42. On retrouve la pensée de la *Madona della Lettera* dans tous les monuments modernes de Messine. On a été jusqu'à instituer une fête en l'honneur de la galère qui aurait apporté la précieuse épître. Une fontaine de cent cinquante pieds de long fut construite sur la place de Saint-Jean pour recevoir un navire qu'on avait artistement fait sur le modèle de celui qui est censé avoir été envoyé par Notre-Dame. Il est de la même longueur que le réservoir qui lui sert de bassin, et sa hauteur est de soixante-dix pieds. Soixante-quatre esclaves enchaînés, trente-deux de chaque côté, paraissent faire la manœuvre ; chaque effigie, fort bien peinte, est de grandeur naturelle. Les dorures et les ornements splendides dont toutes les parties du navire, ainsi que les figures, sont décorées, ont dû coûter des sommes immenses. La galère se monte et se démonte. Les pièces en sont conservées dans le couvent de Saint-Jean. Je n'oublierai pas de rappeler, à ce propos, que Messine possède environ soixante-trois couvents différents, la plupart fort grands et fort beaux, de véritables monuments, et je ne compte pas ceux que l'on aperçoit sur le haut des montagnes, où ils ont été placés comme les sentinelles de la prière aux avant-postes de ce monde. Au jour fixé, une confrérie instituée pour la circonstance apporte en grande cérémonie, jusqu'à la place, les matériaux, que cinquante ouvriers disposent dans l'ordre voulu pour la construction du vaisseau. Aussitôt qu'il est debout sur son bassin, pavoisé, tout brillant d'or, les cordages entourés de guirlandes de fleurs, les voiles au vent et les banderolles flottantes, une troupe nombreuse de musiciens disposés sur le tillac annonce par de brillantes fanfares l'ouverture de la solennité. Le signal une fois donné, des airs nationaux, des chants de triomphe et de joie retentissent de toutes parts. La gaîté se propage, s'étend, circule dans tous les quartiers de la ville ; on se presse, on se coudoie, on se mêle, on s'ébahit ; c'est un flux et reflux continuel des faubourgs à la grande place. Une foire magnifique étend ses bazars jusqu'au port et en dehors des murs. La nuit vient au milieu de toutes ces réjouissances : voici la galère qui s'illumine ; le pont, les mâts, les vergues, tout est en feu. Les madones flamboient derrière une profusion de bougies ; des festons de verres de couleurs dissipent les ténèbres sur la place, sur le port, le long des routes. Le pauvre peuple oublie toutes ses misères, et jouit plus de toutes ces richesses que si elles lui était distribuées, parce qu'il les voit consacrées à ce qu'il aime le mieux au monde, son Dieu et sa foi. Il retournera le lendemain au travail et à la fatigue avec une espérance nouvelle et une force plus que courageuse.

Mais la plus éclatante fête de la Sicile est celle de sainte Rosalie à Palerme, le 4 septembre. Fille de Sinibaldo, seigneur de Rosas et de Quisquina, descendant de la famille impériale de Charlemagne, Rosalie sut dès sa jeunesse mépriser toutes les vanités du monde, et, secouant le joug des grandeurs humaines pour vaquer en toute liberté aux occupations célestes, elle vint fixer sa demeure dans une grotte, sur le mont Pellegrino, à trois milles de Palerme. Là, livrée tout entière à de pieuses méditations et à la pratique des plus hautes vertus, elle mena une vie angélique dont tous les jours s'écoulèrent dans une prière continuelle et dans l'union non interrompue de son âme avec Dieu. Les austérités de la pénitence, jointes au travail des mains, achevèrent de purifier en elle toutes les légères imperfections qui alourdissent encore ici-bas les âmes

GROTTE DE SAINTE ROSALIE, SUR LE MONT PELLEGRINO

les plus justes. Sa bienheureuse mort arriva en l'année 1160 , sous le roi Guillaume le Mauvais.

Vierge sacrée, bienfaisante patronne, les Siciliens n'ont point oublié encore que, durant une horrible peste dont les ravages se firent sentir en 1624 dans leur belle contrée, les prières de leurs pères montèrent vers vous comme un agréable parfum que vous daignâtes accueillir, et qu'elles redescendirent sur eux en rosée de bénédiction qui fit cesser à l'instant même le fléau.

La procession annuelle du 4 septembre a lieu dans l'ordre que je vais dire. Une énorme conque dorée, portée sur quatre roues massives, forme la base du triomphe principal ; un vaste orchestre en amphithéâtre s'élève sur le devant ; au-dessus et en arrière est une chapelle de quinze à vingt pieds d'élévation ; les miracles et les faits principaux de l'histoire de la sainte y sont représentés sur chaque face. Tout autour se groupent les vertus, c'est-à-dire des jeunes filles et des enfants splendidement vêtus et ornés d'ailes en plumes de couleur. Au sommet de la chapelle, des touffes de palmes dorées soutiennent un amas de nuages, d'où s'élève sainte Rosalie, vêtue d'une robe virginale et entourée d'anges et de chérubins. Le char, haut de soixante pieds, en traversant la grande rue de *Corso*, touche le comble des palais ; il s'avance lentement, traîné par une quarantaine de bœufs, au milieu des cris d'une multitude accourue de toutes les parties de l'île, chacun avec son costume particulier, tout imprégné encore de moyen âge et de féodalité. L'illumination de la cathédrale, d'où part la procession, embrase plus de douze mille bougies ! Et en France, quand nous en avons trente ou quarante sur l'autel, nous trouvons cela bien beau, bien rare, bien riche ; et encore n'est-ce que dans les cathédrales ou dans quelques communautés plus aisées. S'il y en a un cent, c'est du prodige, et on ne voit guère luxe pareil que deux ou trois fois dans sa vie. Aucune parole ne peut rendre l'effet prodigieux de ces douze mille flambeaux, disposés en girandoles, en guirlandes et en dessins de mille sortes, dans l'intérieur de la cathédrale. Toutes les statues dorées des saints qui sont en honneur dans la ville s'unissent au cortége, jusqu'à la grotte du mont Pellegrino ; puis vient la châsse d'argent où sont renfermées les reliques de la sainte, et elle n'a pas plus tôt paru, que ce sont des applaudissements et des cris sans mesure. La fête dure ainsi cinq jours entiers.

Et quelquefois on se demande comment un peuple si malheureux, jeté en pâture depuis trois mille ans à la conquête étrangère, pauvre, sans industrie, sans liberté, n'ayant que son ciel d'azur, sa Méditerranée et ses fertiles coteaux, que la dépopulation a rendus en partie incultes, peut se réjouir encore, chanter et célébrer ainsi ses fêtes qui feraient croire à tant de félicité. La piété du Sicilien livre, il est vrai, une partie du secret; il aime, enfant dévoué, enthousiaste, tout ce qui tourne à la gloire de Dieu et de la Madone; c'est pour lui le véritable triomphe domestique où s'oublient toutes les douleurs.

Mais il y en a, outre cela, une raison tirée du climat même « J'ai toujours été frappé, écrit M. de Lamartine dans son *Voyage en Orient*, du calme profond et rarement troublé des physionomies du Midi, et de cette masse de repos, de sérénité et de bonheur, répandue dans les habitudes et sur le visage de cette foule silencieuse qui respire, vit, aime et chante sous vos yeux : le chant, ce superflu du bonheur et des impressions dans une âme trop pleine ! On chante à Rome, à Naples, à Gênes, à Malte, en Sicile, en Grèce, en Ionie, sur le rivage, sur les flots, sur les toits; on n'entend que le lent récitatif du pêcheur, du matelot, du berger, ou les bourdonnements vagues de la guitare pendant les nuits sereines. C'est du bonheur, quoi qu'on en dise.... La foule n'a affaire qu'à la nature. Bonne, belle et divine religion, voilà la politique à l'usage des masses. Ce principe de vie manque à la nôtre : voilà pourquoi nous trébuchons, nous tombons, nous retombons, nous ne marchons pas, le souffle de vie nous manque; nous créons des formes, et l'âme n'y descend pas. »

Au point de vue des avantages ou des désagréments matériels, j'ai déjà dit que la Sicile n'a pas de routes, que les communications par conséquent y sont difficiles, dangereuses même à l'intérieur, non pas précisément à cause de ces fameux bandits dont on fait tant de bruit, mais à cause des précipices, des mouvements de

terrain, des sables épais et profonds, où la main de l'homme n'a
rien assuré pour le pied du voyageur. En France, en Italie et même
à Naples, la Sicile passe pour un coupe-gorge. Cette idée est
générale, cependant elle n'est pas exacte. Il est vrai qu'on vole
fort lestement en Sicile, mais sans violence.

Le pays autrefois, cela est vrai, était infesté de brigands ; les
mesures qui l'en ont délivré en grande partie méritent d'être ci-
tées. Pendant la courte durée de la *Constitution de* 1812, donnée
aux Siciliens par le roi de Naples réfugié à Palerme et dépossédé
de ses états de terre ferme par Murat, toute l'île fut divisée en
vingt-trois districts qu'on pourrait appeler centuries. Dans chacun
de ces districts on nomma un capitaine choisi parmi les habitants
riches, et d'un caractère honnête et ferme, à qui on donna quatorze cavaliers bien montés, bien armés, bien payés, et de plus
choisis parmi les brigands les plus renommés. Au moyen de cette
force, le capitaine dut purger son district de voleurs et pourvoir
à la sûreté publique. Il répondait personnellement des vols qui
s'y commettaient. Cet arrangement eut un plein succès. Ainsi
trois cent quarante-cinq hommes firent qu'en Sicile on voyage à
présent avec le même degré de sûreté à peu près qu'en France.
Preuve nouvelle que tout est possible à un gouvernement occupé
consciencieusement de ses peuples.

Et quels éléments ne rencontrerait pas en Sicile l'administra-
teur dévoué qui prendrait à cœur sa mission ! Terre admirable-
ment fertile, villes puissantes, habitants des campagnes dociles
et travailleurs, peuple bon et religieux, caractère national généreux et décidé par nature, qui ne doit qu'à la longue oppression
du pays ce vernis d'une fausseté radicale qu'on lui a injuste-
ment attribuée : tout ce qu'il faut pour faire de grandes choses
est là ! Et ce n'est pas nous seuls qui, sur cette terre aimée
de nous, à la source même d'un jugement pareil, l'avons prononcé ; il est partagé par quiconque a, je ne dis pas longé les
côtes, comme tant d'officiers de marine qui parlent sans connaître
et pour avoir vu du pont de leur bâtiment, mais qui a vécu sur
le sol, au milieu de la nation.

VII

Tristesses. — Une résurrection

« ..... Dans combien de familles, dit un écrivain dont le cœur de mère guidait la plume, dans combien de familles n'entendez-vous pas dire que la bonté et les grâces des vivants ne sont rien comparativement aux charmes d'un enfant qui n'est plus? Il semble que le ciel ait une légion d'anges dont la mission spéciale est de passer un moment sur la terre pour attendrir le cœur humain. Quand vous remarquez dans les yeux d'un enfant une lumière surnaturelle, quand ses paroles révèlent une sagesse et une sensibilité prématurées, on doit, hélas ! s'attendre à le perdre. Il est marqué du sceau du ciel, et la clarté qui luit dans ses regards est celle de l'immortalité..... »

Il n'est pas à croire, assurément, que tous les enfants aimables, toutes les jeunes natures heureusement douées, soient destinées par la Providence à n'apparaître qu'un instant sur cette terre, où s'épanouissent à loisir tant de cœurs dépravés et où sans doute ils seraient doublement exilés. Les nobles qualités ne sont point, grâce à Dieu, un cachet de mort prématurée. Et cependant quand nous interrogeons notre expérience, combien d'exemples ne nous montre-t-elle pas dans son secret miroir, qui semblent justifier de telles appréhensions!

Près de nous vivait, à Messine, une famille étrangère. On y voyait deux petits enfants, le frère et la sœur; le premier comptait six ans d'âge, la seconde un peu moins de quatre ans. Quatre ans, c'est peu de chose quand il s'agit de raison, de sensibilité, d'intelligence! ce sont à peine quatre pas légers, quatre pas enfantins, vers ces attributs d'une vie plus développée. Cette petite fille pourtant était remarquable sous ce triple point de vue ; elle comprenait et elle sentait à un degré que n'admettront point ceux qui ignorent que deux conditions toutes différentes avancent également les facultés : le climat, le malheur. L'enfant était née sous cette double influence; la seconde, surtout, l'accompagna sans relâche et sans trêve pendant les quelques jours qui lui avaient été imposés, ange innocent et céleste, pour faire ici-bas le pèlerinage de la vie. Si jeune et souffrir ! et souffrir de souffrances morales ! Nous nous étions attachés à elle ; nous l'appelions à nos réunions du soir, et quand, dans ses grands yeux noirs qu'entourait un cercle bleuâtre, nous surprenions une larme silencieuse, un coup d'œil qui en disait tant, je me rappelle que l'émotion nous gagnait tous et que nous pleurions aussi. Il est bien dur, n'est-il pas vrai, de ne connaître d'une mère que des rigueurs, des reproches, de la cruauté; d'un frère gâté, que des coups et du mépris ! Cela est dur à tout âge, et on peut le sentir à quatre ans !... Alors la vie se tarit dans sa source ; la fleur qui grandirait au soleil se fane sous les nuages obscurcissants ; un froid glacial se fait là où Dieu a mis la chaleur ; un ange remonte dans les sphères éternelles, et sur la terre un remords appelle une malédiction.

L'enfant mourut. Certes, rien n'est plus consolant que la pensée de l'ineffable félicité assurée, dans un monde meilleur, à notre petite protégée ; et néanmoins la tristesse est plus forte que la raison en présence de dépouilles mortelles ; nous en ressentîmes toutes les épines. *Padre Dominico* avait veillé cette agonie ; de sa main vénérable il avait versé sur la fille du protestant l'eau régénératrice du baptême. Il voulut, et nous aussi, que le corps fût réservé à sa pauvre chapelle. C'est là que se firent, à la chute du jour, les modestes obsèques. Peu de cérémonies m'ont impressionné à ce degré. J'emportai pieusement une rose du cercueil, je la joignis à d'autres reliques ; elle ne me quittera jamais; et chaque fois que mes yeux tomberont sur une de ces feuilles

desséchées, j'y lirai en caractères impérissables : « Dans la croix ,
le salut ; dans la mort, la vie ; le ciel à l'innocence éprouvée. »

Voilà, jeune lecteur, une bien simple histoire. Les incidents
et les détails y parlent peu à l'imagination. Eh bien , elle contient
pour vous une instruction que je veux vous dire. Avez-vous jusqu'ici apprécié à sa valeur le don du cœur de votre mère ?... Y
avez-vous seulement pensé ?... Ah ! voyez-vous, sans ce trésor,
toutes les richesses et toutes les prospérités de la terre ne sont que
gravier , amertume, illusion. Bénissez donc Dieu , qui a jeté sur
votre enfance la félicité, la joie et l'amour : car il est de jeunes
victimes qui n'ont point connu ces choses , et ces victimes en mé-
ritaient autant que vous la faveur. Elles en eussent été plus recon-
naissantes peut-être ; peut-être elles en eussent profité mieux !

Les sépultures en Italie , en Sicile notamment , se font le plus
communément dans les caveaux des églises ; on n'enterre point
sous la sol à notre manière. Les anciens brûlaient les corps et en
conservaient les cendres dans de petites urnes ; les Guanches les
ensevelissaient dans des cavernes ; les Egyptiens les embaumaient ;
les Espagnols du Midi les font reposer dans d'épaisses murailles
où ils sont disposés par étages ; les Siciliens les placent sous les
églises. Aussi, quand vous êtes entré dans un de ces temples dont
il est comme impossible de supputer le nombre ; quand vous en
avez admiré les richesses, le marbre et le saphir ; quand vous
vous êtes étonné de son étendue , de son luminaire, de ses peintures , vous croyez peut-être avoir tout vu : vous êtes dans l'erreur, il vous reste une moitié à visiter. On vous fait descendre
dans des souterrains dont l'immensité et les dispositions inté-
rieures ont souvent servi de types à celles du dehors. Ce sont des
temples qui se touchent, comme sur le bord de l'eau chaque
objet touche à ses pieds son image. Mais , de ces deux temples
ainsi superposés plutôt qu'annexés, celui qui est sous terre est
l'objet d'un culte particulier : c'est le temple des morts. Dans ces
chapelles, qui se succèdent à droite et à gauche, on a pratiqué
plusieurs rangées de niches en étages ; quand la bière n'y est pas
placée , on y met les cadavres debout, soutenus au moyen de

liens de fer. Les uns, à demi rongés par la corruption, ne conservent plus que quelques lambeaux de chair; d'autres, plus anciens dans ce séjour, sont réduits à l'état complet de squelettes. C'est un spectacle plein de tristesse et de terreur. Il n'est pas rare, dans ces obscures retraites, pendant que le visiteur ému s'abîme dans de profondes réflexions, qu'un cadavre, par le long travail de la corruption, se détache, et, tombant à ses pieds, vienne lui tenir tout à coup un langage plus éloquent que toutes les méditations.

Au reste, on commence aujourd'hui à former partout des cimetières.

Quelquefois, dans les pauvres églises, cette symétrie lugubre n'existe même pas. L'office chanté, la pierre du caveau se soulève, on y descend le mort; le bruit du sapin qui touche le sol caverneux résonne sourdement; on murmure une prière, et tout est fini.

Au mois de février 1848, dans la ville royale de Messine, à la quittée du jour, un vénérable prêtre s'agenouillait au pied de l'autel d'une église solitaire; les ténèbres commençaient à s'étendre contre les colonnes de la nef et gagnaient le sanctuaire; un silence religieux, le silence d'un temple désert, régnait autour du prêtre, absorbé dans son oraison. On entendait seulement, dans le lointain, les derniers échos d'une agitation qui allait toujours s'affaiblissant; les maisons se fermaient, la nuit apportait le repos à toutes les fatigues; les cloches des soixante couvents de la ville avaient tour à tour sonné l'*Angelus*. Tout à coup, un soupir douloureux et comme étouffé s'échappe de l'autel même. Le prêtre lève les yeux, et que voit-il devant lui, se traînant avec effort et couvert de sang? Un cadavre, un véritable cadavre, nu, pâle et terrible, qui tombe à ses pieds, en disant d'une voix sépulcrale et mourante : « Pitié, mon père! hâtez-vous! » Cette apparition soudaine, ce cri de désespoir, cet état de nudité, ce sang qui coulait, tout, au premier moment, fit reculer le prêtre, qui s'était précipitamment levé. Que veut dire cette scène? Ira-t-il appeler du secours? ou ceci n'est-il qu'un fantôme de son imagination, troublée par les terreurs de la guerre et les périls de la révolte sicilienne? Mais non ; le spectre est là, et il se roule en poussant des soupirs affreux. Le prêtre s'en approche.

« Qui es tu ? lui demanda-t-il, que signifie cette scène ?

— Hélas ! répond le malheureux qui a vu cette hésitation et qui en paraît tout effrayé.... Je n'étais pas coupable, croyez-moi, mon père ! j'ai bien souffert ! Mon père ! par pitié, rendez la vie à Giuseppe, qui se meurt de soif et de faim et qui perd tout son sang !

— Mais enfin, un mot encore : qui es-tu, Giuseppe ? qui t'a-mène ici dans un pareil état ? Serais-tu quelque misérable, pour-suivi pour un crime dont il aurait reçu déjà, dans ces plaies sai-gnantes, la récompense ?

— Mon père, je suis l'un des huit qu'ils ont fusillés ce matin ; j'étais innocent ; puisque Dieu m'a soutenu jusqu'ici, achevez cette œuvre. Oh ! que je vous bénirai ! comme je prierai pour vous Notre-Dame *della Lettera !* »

Le prêtre n'hésite plus. Quel que soit cet homme, il souffre ; la charité ne s'informe pas davantage ; elle agit. Couvrant donc Giuseppe d'une partie de ses propres vêtements, il lui apporte quelque nourriture, arrête le sang qui s'échappait lentement des blessures et dont la perte aurait conduit à une mort inévitable son protégé inconnu ; puis il le porte dans sa maison, et quand il le vit en état de parler, il lui demanda son histoire. Elle était triste, on s'en doute bien.

Le matin de ce jour, une insurrection contre les Napolitains avait éclaté. Messine en avait donné le signal, et, la première, avait chassé de leurs forteresses les soldats qui lui commandaient au nom du roi Ferdinand. Après diverses tentatives, on s'était emparé du fort principal, voisin du port franc, qui protégait dans le détroit les magasins des marchands étrangers établis sur la côte, et dans le premier moment du triomphe un pillage avait eu lieu. Le fait, sans déshonorer la nation sicilienne puisqu'il était restreint à quelques individus, n'en froissa pas moins les chefs du coup de main ; car il compromettait l'avenir, en tournant contre eux des hommes dont l'amitié était précieuse en présence des éventualités de la guerre. Aussi un châtiment exemplaire fut jugé indispensable, et les apprêts en avaient été aussi prompts que terribles; impossible d'imaginer une justice plus expéditive. Huit des pillards, saisis sur le fait, avaient été conduits immédiatement sur une hauteur, au nord de la ville, et là, sans jugement, sans miséricorde et sans exception, fusillés.... Les cadavres, encore chauds, avaient été dépouillés, jetés pêle-mêle dans une charrette, promenés par les rues pour exemple, et ensuite précipités, sans aucune cérémonie, dans le caveau d'une petite église, sur la route de Catane et de Syracuse.

Notre ami Giuseppe était du nombre. S'il avait pillé, ce n'était point par avidité pour le bien d'autrui; son frère, plus âgé que lui, l'avait poussé et entraîné à cette mauvaise action, que de cœur il désavouait. Il avait été saisi avec les autres, avec eux condamné malgré toutes ses réclamations, sa jeunesse et ses prières; avec eux conduit au lieu de l'exécution, rangé sur la même ligne de mort. A ce moment où les hommes le tuaient, il s'était souvenu du ciel, recours de tout ce qui souffre! Toute sa vie il avait ressenti pour son patron, saint Joseph, la plus filiale dévotion. Saisissant donc son image, qu'il portait suspendue à son cou, il avait supplié le puissant protecteur de le sauver, puis il avait attendu le coup mortel, presque certain intérieurement qu'il ne périrait pas. Il avait été blessé, mais sans gravité. La pensée lui était venu de faire le mort et de tromper ainsi ses exécuteurs, qui le jetèrent, en effet, chose horrible à dire! avec tous les cadavres, au fond du caveau mortuaire, sans qu'il se trahît par un seul mouvement, un seul soupir. C'est là, dans cette épouvantable retraite, que, ramassant tout son courage, Giuseppe s'était fait un marche-pied des corps de ses camarades pour soulever, avec des efforts surhumains, la pierre qui en fermait l'ouverture, dans la nef de l'église : travail difficile, qui avait exigé l'emploi de la journée et achevé d'épuiser ses forces. Plusieurs fois, ajouta-t-il, la pile des cadavres entassés avait glissé sous ses pieds, dans le sang, et il lui avait fallu recommencer vingt fois le mortel labeur. Enfin, arrivé dans l'église, où il craignait encore ses bourreaux, il s'était caché sous les boiseries de l'autel, et c'est au prêtre seul qu'il avait résolu de se montrer.

Sa grâce ne fut pas difficile à obtenir. Au bout de quelques jours, Giuseppe reparut au milieu de sa famille et de ses compatriotes, qui ne l'appelèrent plus que *le Ressuscité*. Il vit encore. Nous avons pu souvent le voir, et admirer en lui, à la fois, ce que peut l'énergie de la volonté, et à quel point saint Joseph est bon pour ceux qui poussent vers lui un cri de détresse et une aspiration de confiance.

VIII

Reggio de Calabre

Quarante degrés de chaleur ! Il y avait de quoi réjouir les plus glaciales natures ! C'était le 2 août 1848.

Nous voici donc, dès le matin, montés sur un élégant canot aux couleurs de France. Le signal est donné ; les matelots joyeux se couchent sur leurs rames, qu'ils agitent en cadence, et le courant du détroit, extrêmement sensible du nord au sud, nous emporte en une heure sur le rivage calabrais. Franchir ce bras de mer d'une lieue et demie de large, visiter Reggio, parcourir une partie de la côte et rentrer par le Phare, tel était le programme. Nous fûmes assez heureux pour le remplir à souhait.

Ni Scylla ni Charibde, dont nous pouvions facilement entendre les murmurants tourbillons, ne surent nous arrêter un instant ; nouveaux Ulysses, nous fermions l'oreille à leurs concerts, honteusement dégénérés. D'ailleurs, quelle occupation indescriptible pour nos yeux !

Je ne me lasserais par de redire combien, sous ces latitudes brûlantes, qu'on s'imagine insupportables d'ici, sous notre ciel noir, sévère, attristant, sans couleur et sans gaîté, combien, dis-je, on se sent au cœur de vie, d'activité, de jouissance et d'aimable expansion. Les gens du Nord s'étonnent de n'être plus les mêmes, ils ne se comprennent plus ; mais cet étonnement, cette plénitude d'existence ont un charme nouveau, un attrait délicieux auxquels on s'abandonne avec bonheur. Rappelez-vous maintenant, du coin de votre feu d'hiver, la douce haleine du printemps et sa secrète

influence sur tout l'organisme humain : comme on est rajeuni, fort
de santé, et presque au-dessus des atteintes de la mort ! Voilà ce
que je veux peindre. Seulement, en Sicile, en Calabre, en Grèce,
en Andalousie, partout où le soleil verse à flots ses rayons dorés,
ce n'est pas l'impression et comme l'accident d'un mois, d'une
saison ; c'est l'état ordinaire pendant huit ou dix mois entiers.
Ce qui faisait écrire à un célèbre voyageur que la tristesse lui
semblait chose impossible sur les bords du golfe napolitain.

Et voyez ensuite quel panorama ! La mer paisible et azurée sous
nos pieds ; à droite, la ligne verte et accidentée qui marque les
contours de la Sicile et se termine à la base imposante de l'Etna ;
le ciel, d'une admirable pureté, au-dessus de nos têtes ; autour
de nous cette atmosphère légère, cette lumière diaphane qui multiplie les couleurs et fait étinceler les plus délicates nuances de la
création ; tandis que sur la gauche, vers laquelle glissait l'embarcation à la voile latine, sous les caresses de la brise tyrrhénienne,
se déployait la riche ceinture de la presqu'île italique, avec ses
orangers, ses palmiers, ses citronniers, ses haies de cactus, ses
champs de roseaux et de lauriers-roses, ses Apennins majestueux,
dont la cime sévère et dépouillée, brisant là une chaine de quelques
centaines de lieues, incline vers le cap Armi ses deux bras mouvants, comme le fier taureau de Séville courbe sa tête sous l'épée
du victorieux matador. « Ailleurs, dit Mme de Staël, c'est la vie
qui, telle qu'elle est, ne suffit pas aux facultés de l'âme : ici,
ce sont les facultés de l'âme qui ne suffisent pas à la vie, et la
surabondance des sensations inspire une rêveuse indolence dont
on se rend à peine compte en l'éprouvant. »

> O cieux, que de grandeur et quelle majesté !
> J'y reconnais un Maître à qui rien n'a coûté,
> Et qui dans nos déserts a semé la lumière,
> Ainsi que dans nos champs il sème la poussière.

La grande et populeuse ville de Reggio s'étend comme un ruban
au bas de l'extrémité occidentale des Apennins. Au-dessus d'elle
commencent les fameuses gorges de la Calabre, où se réfugièrent,

du temps de Murat, les derniers Napolitains combattant pour
l'indépendance de la patrie. Ces retraites sont inexpugnables; jamais
la main de l'homme ne construisit d'aussi formidables remparts.
Avec eux, du reste, commence aussi un pays qui ne ressemble
point aux autres pays. Contrée primitive encore, en dépit de la
civilisation moderne qui l'assiége, la Calabre a conservé ses mœurs
antiques, franches, un peu sauvages, hospitalières surtout.
L'étranger qui vient en ami est accueilli en frère ; il ira de village
en village sans manquer de gîte, fêté partout, partout invité à la
table de la famille.

Aussi le canot qui nous portait est signalé à peine, que trois
calèches se disputent l'honneur de conduire chez les plus riches
habitants les *signori francesi* qui daignent visiter Reggio. Nous
étions assez nombreux pour occuper deux de ces voitures ; la troisième, arrivée vide au logis, y causa le désespoir du maître, et,
sans perdre une minute, le voici auprès de nous pour nous offrir
sa personne. C'était le plus beau visage d'homme qui se puisse
voir ; une douceur mélancolique, jointe à l'affabilité la plus polie,
en rehaussait les traits. M. *Antonio Nesci* voulut absolument nous
servir de guide ; nous étions devenus pour lui des amis, des pupilles;
il ne nous quitta pas un instant. De tels procédés, si peu com-
muns parmi nous, vont au cœur ; une civilisation pareille vaut
cent fois celle que nous décorons exclusivement et orgueilleusement
de ce nom.

Les maisons de la ville sont assez basses, mais régulières et
agréables au coup d'œil. Une large et longue rue la traverse du sud
au nord, coupée par une petite place de forme triangulaire, dont
l'un des côtés est formé par la façade de la cathédrale, vaste
monument qui joint au mérite d'une bonne architecture grecque
l'avantage autrement précieux d'être rempli des traces des apôtres :
aussi lit-on sur le fronton ce mot des *Actes* au chap. xxviiie :
Circumlegentes devenimus Rhegium. Reggio est un archevêché très-
ancien. On prétend que la ville fut fondée 723 ans avant J.-C., et
qu'elle est par conséquent, à trente ans près, contemporaine de
Rome. Devenue colonie romaine et ville municipale, elle fut em-

bellie et en partie rebâtie par Jules-César, qui avait compris l'avantage de sa position, comme boulevard extrême de la terre ferme au Midi. Plus tard, elle resta une des dernières possessions de l'empire grec en Italie. Elle tomba sous la domination des Normands au XIe siècle, fut deux fois en douze ans saccagée par Barberousse et Mustapha-Pacha; elle s'était relevée de ses ruines, lorsque le tremblement de terre de 1783 l'anéantit presque tout entière.

L'an 60 de J.-C., saint Paul, conduit à Rome par l'ordre de Félix, gouverneur de la Judée, arrive à Malte, où les insulaires lui veulent élever des autels; de là, sur un navire qui avait pour insigne l'image de Castor et de Pollux, il vient à Syracuse, où il demeure trois jours, puis à Reggio, qu'il trouve ensevelie dans toutes les superstitions du paganisme. A la vue des insignes de leurs dieux, Castor et Pollux, les habitants s'empressèrent autour du vaisseau. C'était pour eux ce moment choisi de toute éternité où la grâce agit sur les cœurs et les dompte. L'Apôtre, inspiré devant cette multitude, lui annonce la divine et bienheureuse parole qui doit renouveler le monde après avoir purifié ses longues souillures. Mais la terre n'était pas disposée encore à recevoir cette semence, et bientôt, fatigués d'un langage si puissant à la fois et si nouveau, les auditeurs déclarent qu'ils ne veulent plus l'entendre. Et saint Paul les conjure de lui accorder encore un peu d'attention, le temps seulement, le temps si court, que mettra à se consumer une petite chandelle qu'il tient à la main. On y consent en riant de la simplicité du personnage. La chandelle est allumée, fixée sur une colonne basse qui sur le port servait de point d'attache aux vaisseaux; mais, ô prodige inattendu ! ô volonté du Ciel ! après le dernier fil de la mèche éteinte, la colonne elle - même devient un véritable et brillant flambeau, qui des yeux éblouis passe jusqu'aux cœurs pour y répandre d'ineffables clartés.

Cette colonne, relique précieuse et vivant témoignage, fut transportée dans l'église qui ne tarda pas à être bâtie un peu plus avant, là où se trouve actuellement la cathédrale. On l'y voit encore, à droite de la basilique et près de la sacristie, dans une

riche chapelle où affluent les pèlerins à certains jours de l'année.
Une hymne très-ancienne, qui se chante le jour de la fête patronale,
contient toute cette histoire. « Salut, y est-il dit, salut, noble
» colonne, plus précieuse que l'ambre et que l'or, colonne plus
» fortunée que la colonne de feu qui guida Moïse. Ce que la
» bouche de Paul annonce, ton éclat le soutient et le prouve; c'est
» à ta lumière que Reggio embrasse la foi de Jésus-Christ. Et
» maintenant, colonne de Reggio, conduis-nous au ciel, comme
» la colonne d'Israël guida les Juifs aux rives du Jourdain. »

Ave, columna nobilis,
Electro et auro ditior,
Illaque Mosis ignea
Columna fortunatior.

Quod ore Paulus prædicat,
Te fulgente comprobat;
Te conflagrante Rhegium
Christi fidem complectitur.

Ergo, columna Rhegia,
Hebros ut Israelica
In terræ optima transtulit,
Tu nos in astra ducito.

Pour nous, après avoir vénéré le temple et ses augustes souvenirs, nous voulûmes parcourir les environs. Les offres de voitures se multipliaient; on se disputait, on s'arrachait nos gracieuses personnes; et quand, après le premier feu de la mêlée, il
nous fut permis de nous reconnaître, nous constatâmes qu'une
élégante calèche à deux laquais nous emportait vers une *villa* des
environs, sous un soleil de plomb fondu. Quelques rafraîchissements nous attendaient au fond d'un jardin féerique, à cinquante
pas de la mer unie comme un lac, bleue comme un ciel d'Andalousie; la table était en pierre, sous un berceau d'orangers,
recouverte d'une blanche nappe et de larges feuilles d'orangers
qui tenaient lieu d'assiettes. Des fruits magnifiques, oranges et
pêches, nous furent présentés, accompagnés d'un véritable vin
de Falerne et de glaces. C'est bien sous ces gigantesques oran-

gers, formant une ombre impénétrable et se mariant aux citronniers pour produire sur l'imagination presque le même effet qu'une musique mélodieuse ; c'est bien alors que j'aimais à constater la vérité de ce tableau du Midi, tracé de la main de maître que je citais tout à l'heure :

« On se sent dans un autre monde, dans un monde qu'on n'a
» connu que par les descriptions des poëtes de l'antiquité, qui
» ont tout à la fois, dans leurs peintures, tant d'imagination et
» d'exactitude. Chaque pas, en pressant les fleurs, fait sortir des
» parfums de leur sein. Les rossignols viennent se reposer plus
» volontiers sur les arbustes qui portent des roses. Ainsi les
» chants les plus purs se réunissent aux odeurs les plus suaves ;
» *tous les charmes de la nature s'attirent mutuellement.* Mais ce
» qui est surtout ravissant et inexprimable, c'est la douceur de
» l'air qu'on respire. Quand on contemple un beau site dans le
» Nord le climat qui se fait sentir, trouble toujours un peu le
» plaisir qu'on pourrait goûter ; c'est comme un son faux dans
» un concert, que ces petites sensations de froid et d'humidité
» qui détournent plus ou moins votre attention de ce que vous
» voyez. Mais, en approchant de Naples, vous éprouvez un bien-
» être si parfait, une si grande amitié de la nature pour vous,
» que rien n'altère les sensations agréables qu'elle vous cause...
» Il y a dans cette nature une vie et un repos qui satisfont en en-
» tier les vœux divers de l'existence... »

Adieu donc, bosquets que je ne reverrai plus ! Heureux qui coule ses jours à votre ombre parfumée ! Heureux celui dont la Providence a cloué les pas sur la terre italienne, au détroit de Messine, à Sorrente, à Pausilippe, au golfe Jules ! Mon cœur tressaille au bruit de ma plume, écrivant ces noms embaumés et chéris... Mon Dieu, vous êtes grand partout, et il n'est point de lieu où l'on ne vous puisse aimer !

Mais nous avons quitté la villa, nous rentrons à Reggio pour le traverser et visiter une autre campagne, au sud, celle du baron Musignano, l'une des plus belles de la Calabre.

Elle s'ouvrit de suite aux pèlerins français. Il était environ

deux heures, ou bien quatorze heures pour parler comme les
Italiens, et le soleil nous épargnait moins que jamais les frais
d'une chaude bienveillance. Petit mais élégant palais, la villa
calabraise offre, sur sa façade, une tente assez élevée qui recouvre
une galerie embellie de fleurs dans des vases nombreux ; à droite
et à gauche, de petites cascades artificielles font tomber jour et
nuit, dans des bassins peuplés de poissons rouges, leurs eaux
limpides et rafraîchissantes, note mélodieuse dans cet admirable
concert des beautés de la nature. Au-dessus du toit une double
terrasse et un belvédère, et au milieu de l'appartement principal,
qui est contigu, une volière d'oiseaux empaillés, placés comme
au plus riant moment de leur existence et de leurs chants, sur
des branches vertes et des arbres simulés. Du haut de la terrasse
s'étend, aux yeux émerveillés, l'un de ces horizons que le voyageur ne rencontre guère deux fois dans ses pérégrinations. La
première impression, et pour nous tous elle fut la même, est de
se croire transporté par des génies bien loin du monde réel. Et
cependant la peinture n'a pas donné à ce site l'illustration usurpée
par tant d'autres ! Où va-t-elle donc chercher ses inspirations labo-
rieuses [1] ? Il existe au musée du Louvre un grand paysage d'i-
magination, avec ses accidents et ses brillantes couleurs, avec
ses collines, ses horizons et sa lumière, où Vander-Meulen a
épuisé toute la richesse de l'invention poétique et artistique :
ajoutez-y la Méditerranée, l'Etna au fond du tableau, avec son
panache de flammes et de fumée, ajoutez-y la pureté d'un ciel
sicilien : c'était là ce que nous avions devant les yeux, le 2
août 1848 !

Derrière nous, à quelques centaines de pas, les mamelons
décharnés, brûlés, arides, des Apennins, et sous nos yeux un
vaste jardin, comme un épais bocage où s'unissaient, en buissons pressés, les arbres les plus recherchés du Midi ; deux pal-

---

[1] Nous devons le dire, on commence aujourd'hui à visiter, le pinceau à la
main, ces ravissantes contrées, où l'artiste trouve à chaque pas des trésors. Nous
citerons dans ce genre les charmants tableaux de Messine et de Reggio que vient
d'exposer au public l'habile M. Rémond, après un long et fructueux séjour en Sicile.

miers d'Egypte se détachaient, gracieux géants, du feuillage mêlé
de tant de plantes diverses ; des oiseaux sans nombre gazouillaient
à l'envi leurs plus mélodieuses chansons, interrompues de temps
à autre par le tranquille et sourd roulement de la mer sur les gra-
viers du rivage ; et de tout cela une odeur exquise qui remplissait
l'air, une grandeur de tableau qui enthousiasmait la pensée, un
bien-être pour l'âme, une douceur de sentiments, une plénitude
de vie que je ne puis me rappeler sans maudire les misérables
brouillards où nous nous agitons ici pendant huit mois de l'année.

Asseyons-nous donc sur cette terrasse, parmi les fleurs et au
souffle d'une brise aimable. L'un de nos hôtes nous dira une
légende dont le théâtre est Reggio même. Je la rapporterai comme
elle nous fut contée, avec l'ingénuité italienne et avec la foi la
plus entière dans sa vérité.

IX

Un sacrilége

« Si vous vous enfonciez à quelques milles dans les étroites et abruptes gorges de nos montagnes, nous dit le narrateur, vous vous trouveriez en face d'un antique château crénelé, comme vous en possédez tant dans votre France, et qui sont si rares chez nous, à qui Dieu a donné le goût de plus riantes demeures. Le vieux castel est maintenant en ruines ; les derniers pans de murailles, ébranlés par les coups du vent et de l'orage, semblent trembler, prêts à joncher de leurs poudreux débris le sol qu'elles ont protégé au temps des Normands et pendant les guerres de Charles d'Anjou, aux xie, xiie et xiiie siècles. Une noble famille occupait encore ce manoir il n'y a pas trente ans ; son souvenir vit parmi nous, car elle s'est éteinte tout récemment. Nulle tache ne souilla jamais son blason dans le royaume des Deux-Siciles. Malheureusement au point de vue de la foi, l'avant-dernier seigneur du château brisa avec les traditions de ses nobles aieux.

» Le fier marquis de Sp...... servit longtemps dans les armées du roi ; il fut l'un des généraux les plus ardents à lutter contre votre général Championnet, qui venait, en 1798, introniser à Naples nous ne savons quelle cohue gouvernementale sous le nom de *République Parthénopéenne* ; il fut même blessé dans l'action, il y perdit un bras. C'étaient auprès de nous autant de titres à la reconnaissance : aussi fut-il accueilli dans sa retraite avec un enthousiasme que l'amour de la patrie opprimée par l'étranger vous fera comprendre. Mais on ne tarda pas à s'apercevoir que le cou-

rageux militaire était un médiocre chrétien. Les passions d'abord
— car elles dirigent toujours les premiers pas dans le sentier de
l'irréligion, — les principes d'une fausse philosophie ensuite,
principes puisés dans la lecture des mauvais livres, avaient éloigné
cette âme de la seule source du bonheur, la foi! Il ne croyait
plus, disait-il. Aux petits esprits, aux natures incapables, aux
cœurs superstitieux, il abandonnait le hochet des convictions religieuses. Qu'avait-il besoin de tout cela, lui que l'honneur inspirait et que la raison éclairait de sa lumière?

» Pauvre marquis! après une si belle carrière, en venir à
nous inspirer la pitié! c'était triste. Mais ces opinions malheureuses
étaient si nouvelles pour nous, Calabrais catholiques, nous éprou-
vions à les entendre tant d'indignation, que, ne pouvant nourrir
pour un tel homme du mépris, nous lui accordions la pitié, et
nous le lui faisions bien sentir. Il recevait même de temps à autre
des leçons qui auraient dû lui ouvrir les yeux. Un vieux prêtre
surtout, qui avait entrepris de le faire revenir à Dieu et que le
marquis appelait quelquefois à sa table, lui fit un jour une argu-
mentation que je vais vous dire, parce qu'à mon avis cela est bien
pressant et même irréfutable. Vous en jugerez.

« Vous prétendez, seigneur, que le christianisme est impossible dans sa morale, absurde dans son dogme, superstitieux dans
son culte. Admettons cela pour un instant! Mais dites-moi alors
comment il se fait que l'univers païen, qui certes était bien éclairé,
bien savant, bien orgueilleux à cette époque où régnaient les
Césars, — que le monde païen, dis-je, ait accepté, sur la foi des
douze pauvres gens sans lettres, qu'on appelle *Apôtres*, cette morale
si gênante, ce culte si compliqué, cet impossible dogme? L'univers
a donc vu à cette doctrine quelque preuve éclatante, irrésistible,
incontestable : car enfin, vous m'avouerez que si vous, individu
isolé, vous ne pouvez consentir, quoique baptisé, instruit de la
doctrine évangélique, fortifié autrefois par les sacrements, à vous
dire chrétien, ce devait être une chose bien autrement difficile
pour des païens, et des païens de la taille des Romains! On ne
se fait pas chrétien, on n'abandonne pas le culte de ses ancêtres,

la liberté de tout faire, sans remords, comme on mangerait une orange. Ainsi, nécessairement, quand il s'est converti, le monde a vu de bonnes preuves, c'est-à-dire, monsieur le marquis, de solides et incontestables miracles! Or, des miracles, qui en peut faire, si ce n'est Dieu? Et si Dieu en fait, les miracles ne prouvent-ils pas magnifiquement la vérité de la doctrine au nom de laquelle ils se produisent?

— Des miracles! s'écria le marquis. A d'autres ces histoires! On n'a pas plus vu de miracles en faveur du christianisme qu'en faveur de n'importe quoi. Est-ce que les lois de la nature ne sont pas immuables?

— Très-bien! répondit le vieux prêtre, parfaitement bien, seigneur! Vous êtes, je le vois, un puissant esprit. J'aurais bien, il est vrai, quelques petites observations à vous faire. Par exemple, mes miracles expliquent parfaitement la conversion du monde ancien et me prouvent que ce monde si savant n'était pas fou. Ensuite, je pourrais vous demander où vous avez vu que les lois de la nature sont immuables à ce point que celui qui les a posées ne les puisse un moment écarter pour instruire sa créature et la rendre attentive. J'ajouterais même, au besoin, que rien n'est brutal comme un fait, et que si un miracle a eu lieu réellement, il s'ensuit que les lois naturelles ne sont pas absolument immuables, d'autant plus, pourrais-je dire, que l'idée d'immuable emporte celle d'éternité, et qu'il est bien manifeste que rien dans la nature n'est éternel, la mort fauchant dans toutes les classes de la créa-tion, animaux, végétation, individus et société. Mais ces disserta-tions, auxquelles je ne me livrerai pas, nous conduiraient quelque peu dans la métaphysique, et je ne pense point vous faire tort en supposant que, sur ce terrain, votre pied glisserait souvent. Une épée à la main ne rend point un homme philosophe, pas plus que quelques mauvais livres ne font d'un ignorant un penseur. J'aime mieux, pour changer de conversation, vous raconter une incroyable aventure qui m'est arrivée lors de mon dernier voyage à Cosenza. C'est quelque chose de si surprenant que vous prendrez plaisir à l'entendre.

» Parti par la calèche que m'avait prêtée le baron N***,
votre voisin, je marchais aussi rapidement que le permettaient les
inégalités de terrain causées par nos montagnes. Cette route est difficile, vous le savez. Mais l'équipage était brillant de jeunesse, léger
comme une plume. Quatre grands chevaux andalous, chevreuils
pour la vitesse, lions pour la force, étaient montés par deux postillons siciliens. Le temps était superbe; je n'avais ni malles ni
bagages; je formais seul tout le chargement de la voiture. Mille
raisons donc pour avancer, et j'avançais! cela n'est pas étonnant.

» Mais voilà que dix-huit brigands, sortis des gorges que
j'allais longer, et qui m'ont paru être les héritiers et les continua-
teurs de l'œuvre des fameux Vardorelli [1], tombent sur moi à
l'improviste et commencent par casser toutes les roues de ma
voiture. Qui le croira? pourtant je l'ai vu, de mes yeux vu : ma
voiture continua à marcher comme auparavant....

» Furieux, les voleurs détèlent mes quatre coursiers et tuent
mes postillons : ma voiture ne marche pas moins vite !

» Les coquins! ils avaient coupé la route de fossés profonds :
je vous le dis, ma voiture ne s'apercevait de rien; elle courait,
volait toujours. J'en étais épouvanté !

» Ils avaient barré le chemin par de gros quartiers de rochers :
peine inutile, je franchis tout, non sans secousses, mais sans être
personnellement atteint; il semblait au contraire que mon équipage
allait de mieux en mieux. Le fait est qu'il se fortifiait à chaque
coup nouveau.

» Alors les bandits, qui me poursuivaient, entassent sur ma
voiture des masses énormes, et, de légère qu'elle était comme un
tilbury, elle devient lourde comme une galère espagnole à quinze
mules. Elle n'arrive pas moins vite ! Et j'arrive à Cosenza !

» Ce que je dis est littéralement exact. Vos sourires équivoques,
seigneur marquis, n'infirment point une parole. J'ai de bons
témoins du fait.

— Vous vous méprenez sur mon sourire, père ! C'est celui de
l'étonnement, rien de plus. Je vois parfaitement que vous avez

[1] Célèbres bandits qui ont tenu longtemps les montagne de la Calabre.

miné le terrain autour de moi pour me faire tomber dans quelque traquenard. Tout cela sent prodigieusement la parabole. Evidemment, si ce que vous dites est arrivé jamais, Dieu ou le diable s'en est mêlé. Est-ce un pareil aveu qu'il vous faut? Le voilà !

— Oui, seigneur marquis, et j'en prends acte. Voici maintenant l'explication et le commentaire de la parabole, puisque vous-même donnez ce nom à mon aventure.

» Dans la langue vulgaire, ma voiture superbe, neuve, légère, bien conditionnée, c'est le christianisme fabriqué tout entier de la main de Dieu même. Mes brûlants coursiers, ce sont ces miracles qui expliquent comment le christianisme a marché dans le monde. Mes habiles postillons, ce sont les apôtres. Ma route difficile, ce sont les dispositions mauvaises des esprits et des cœurs, en dépit desquelles le char du christianisme a foulé toutes les routes de l'univers.

» Qu'il marche dans ces conditions là, je n'y vois rien de surprenant. Chevaux infatigables, postillons expérimentés, solidité de véhicule, comment voulez-vous qu'on s'arrête? Si le christianisme avance, mais c'est tout simple! Dieu le pousse, et il marche! C'est ce que nous disons, nous autres, natures incapables, petits esprits, cœurs superstitieux, comme vous daignez nous appeler.

— Par le fait, mon père, je commence à voir qu'il y a peut-être quelque raison à être chrétien. Je vous écoute avec intérêt. Continuez, je vous prie.

— Eh bien, M. le marquis, saisissez-vous ce que je veux dire? Mon char allait naturellement, poussé par la main de Dieu. Mais vous arrivez, vous autres les prétendus philosophes, et vous nous dites :

« Des miracles! quelle absurdité! allons donc! — Vous dételez les chevaux de ma voiture...

» Des apôtres, imbéciles, niais, fanatiques, dont l'existence est incertaine, au moins quant aux détails de leur vie! — Vous m'enlevez mes postillons....

» Et puis, voilà que vous coupez la route de fossés; vous

lancez contre moi les savants des premiers siècles, les empereurs qui égorgent les chrétiens pendant trois cents ans, les politiques de travers qui les persécutent, les philosophes qui les tournent en ridicule et qui les outragent de mille façons, qui leur coupent, comme on dit, l'herbe sous les pieds....

» Vous faites plus, vous entassez sur l'Eglise, qui marche toujours, des montagnes de livres, de protocoles, de sophismes de toutes les espèces; il semble qu'elle va être écrasée... Peste ! si elle marche avec cela, elle a du bonheur !

» Eh ! monsieur le marquis, la voyez-vous, cette Eglise triomphante, comme elle marche malgré tout ! S'est-elle arrêtée depuis dix-huit siècles ? Ne court-elle pas de plus en plus ? Voyez comme elle vole sur les pas de nos missionnaires ! La Chine n'a plus assez de sa grande muraille pour se défendre de ses lumières qui la pénètrent de toutes parts; l'Orient s'étonne de voir descendre du Liban les missionnaires qui le convertissent; une île est découverte à peine, que le char du christianisme, privé par vous de ses chevaux et de ses postillons, la vient fouler. Dites-moi, ne marche-t-il pas de mieux en mieux, comme j'ai fait ? A l'heure où je vous parle, il est universel, c'est-à-dire qu'il est arrivé à son but, comme moi à Cosenza !

» Oh ! Monsieur, il y a miracle en cela, ou ma raison se dérange. Comme vous le disiez très-bien, Dieu ou le diable s'est mêlé de ma voiture, et il est évident que ce n'est pas le diable puisqu'il s'agissait de détruire le paganisme, son allié, son enfant, toute sa fortune sur la terre. C'est donc Dieu, et le Christianisme est divin !

» Plus vous nierez les miracles, plus vous augmenterez la beauté de ce grand miracle : ce sera mon char courant sans chevaux ni cocher. Pour nier quelques miracles de détail, vous établissez le plus prodigieux entre tous, le plus patent, le plus indestructible qui se puisse imaginer ! — Parbleu, messieurs les philosophes qui nous arrivez de la capitale dans notre trou de Reggio, je vous croyais plus habiles, et sûrement que vous pensiez vous-mêmes être autrement ferrés !...

» De quel côté, s'il vous plaît, les têtes sans cervelle, les superstitieux, les natures médiocres et incapables? De quel côté ce bon sens, qu'on a si grand tort d'appeler le *sens commun?* car il paraît furieusement rare, il me semble. »

» Le marquis n'avait rien à répondre. Comme il arrive toujours en pareille circonstance, il donna quelques raisons banales, tout en convenant que les arguments du bon prêtre étaient sérieux; mais ni cette instruction ni d'autres encore ne le firent changer de conduite. Lorsque l'esprit n'a plus rien à répondre, c'est la passion qui parle au cœur, et la guérison se fait comme impossible. Le marquis de Sp.... était dans ce cas. Il voyait la faiblesse de ses livres mauvais, il sentait au fond du cœur la vérité de ce qu'il prétendait combattre; mais ses passions le dominaient, il aimait à leur obéir; esclave de ses habitudes, il ne supportait point l'idée de leur résister, et il resta aussi mauvais chrétien.

» Mais il y a une terrible visiteuse, dont le seul nom fait trembler le potentat qui commande à des millions de sujets, aussi bien que le pâtre ignoré qui veille pauvre et solitaire à la garde de son troupeau. La mort vint, au bout de quelques années, frapper à la porte du manoir de la montagne de Reggio et dire au maître du lieu : Le temps est venu, il faut partir !

» Sp.... tombe gravement malade. Il n'a plus à vivre que peu d'heures ! Les amis, les parents s'empressent au chevet du moribond, et l'exhortent à songer à son âme, à tout préparer pour le grand voyage. Exhortations inutiles ! vaines prières ! Il déclare qu'il n'écoutera rien et qu'il entend finir comme il a vécu. On lui fait pourtant remarquer qu'il déshonorera sa famille, qu'on ne pourra l'enterrer avec la pompe due à ses exploits passés et à son rang, que l'Eglise lui refusera la sépulture dans l'asile bénit où reposent ses ancêtres, qu'il couvrira de honte le nom qui lui fut légué par eux sans aucune souillure. Cette considération épouvante Sp.... Un instant il réfléchit; puis, sortant décidé de sa méditation, « Eh bien, dit-il, allez chercher un prêtre. La tombe d'un Sp.... doit être respectée. »

» Le ministre de Dieu arrive, entend une rapide confession

et accorde au pénitent, qu'il croit sincère, le secours de la divine Eucharistie. Cette confession était mauvaise, cette communion était sacrilége ! Et le marquis expire avant d'avoir avalé la sainte Hostie.

» Que sert-il, je vous le demande, de défendre sa patrie d'une main, si de l'autre on combat contre Dieu ? Que sont ces guerriers insensés qui protégent la vie des leurs et qui scandalisent leurs âmes ? Ce n'est pas dans l'histoire humaine, registre mortuaire où si peu sont inscrits, c'est au livre éternel, qu'il nous faut paraître en lettres lumineuses.

» Les apparences avaient trompé tout le monde à Reggio. On fit au défunt de superbes funérailles, et, suivant notre usage, que vous connaissez sans doute, le cadavre demeura exposé dans sa bière, entouré de bougies, au fond d'une chapelle de l'église que vous avez laissée sur votre gauche en venant honorer de votre présence cette modeste demeure, indigne de tout le bien que vous en dites.

» La nuit vint. Vers onze heures, au milieu du plus profond silence, on entendit un grand bruit à la porte du monastère voisin. On frappait à coups retentissants sur la massive porte bordée de fer, et le son se répandait lugubre dans les larges galeries à colonnes de marbre. Le portier accourt. Ce sont deux laquais en livrée qui demandent un prêtre avec un ciboire vide.

» La demande était singulière et insolite. On refuse.

» Le bruit redouble.

» Impossible d'obtenir des explications. « Il y va, disent les envoyés, de l'honneur de Dieu, il faut venir de suite ! »

» Un religieux se dévoue plus intrépide que les autres, et le frère portier l'accompagne. On marche en silence. On arrive à l'église, et la porte s'ouvre d'elle-même devant les inconnus. Le cadavre était dans sa bière, entouré de flambeaux, le visage découvert, la bouche contractée. Je ne sais quelle sueur froide se répandit sur les membres des religieux, glacés d'épouvante. « Maintenant, dit le premier laquais, approche-toi de ce corps, écarte ces lèvres impies, ô prêtre, retire l'adorable Hostie, place-là dans le ciboire que tu as apporté et d'où elle n'eût jamais dû sortir pour entrer dans ce cœur mauvais !... Le moine, subjugué par une force inconnue où il croit reconnaître la main de Dieu, aperçoit le Pain des anges aussi intact qu'au moment de la communion ; il le retire en récitant les prières du rituel, le place respectueusement dans le ciboire et le porte dans le tabernacle.

» La cérémonie était à peine achevé, qu'un horrible tumulte éclate dans la chapelle ; les laquais laissent tomber leurs habits de livrée, ce sont des démons hideux ! Une troupe infernale se joint à eux ; les cris, les blasphèmes, les rires sataniques retentissent à la porte du temple. Le prêtre et le frère tombent à la renverse...

» Le lendemain, le corps avait disparu, on n'en a plus trouvé de traces...

» Le castel de la montagne a été abandonné, et, pour tenir compte des récits qui circulent parmi le peuple, le cri plaintif de la chouette suffit pour éloigner de ses ruines le voyageur attardé.

» *Vous avez aimé l'iniquité à la place de la justice*, dit le prophète : *c'est pourquoi Dieu vous détruira pour toujours ; il vous arrachera, il vous tirera du milieu de votre repos, et sur la terre des vivants disparaîtra jusqu'à la trace de vos pas.* (Ps. LI.) »

Nous remerciâmes l'excellent conteur de sa légende, et comme les ombres s'allongeaient sur le détroit, il convint de penser au retour. Nous traversâmes les lits de deux rivières, mises parfaitement à sec et servant en été de chemins de grande communication. Nous revîmes Reggio, sa cathédrale et sa rue, et nous sortions de la ville pour gagner au nord la petite ville de San-Giovanni, à quatre lieues de distance et juste en face de Messine, lorsqu'un domestique parut, traînant deux énormes paniers d'oranges et de citrons, qui nous étaient offerts par les amis de la journée, amis inconnus et qui désiraient le demeurer quand il s'agissait de remercîments ; mais oranges et citrons tels que jamais autre pays que la Calabre n'en a produit de pareils. L'un des citrons était, sans nulle exagération, gros comme un cantaloup d'une riche espèce !

La route, jusqu'à San-Giovanni, est une suite de charmants villages aux clochers blancs, aux maisons couvertes de pampres, assez pauvres à l'intérieur, mais d'une pauvreté qui n'a rien de désolant ni de repoussant.

San-Giovanni est bâtie en amphithéâtre, comme toutes les villes de cette côte ; l'aspect en est assez agréable. Sans nous y arrêter, nous descendîmes l'avenue du quai, et en présence de quatre honnêtes douaniers nous fîmes nos adieux et nos protestations d'affectueux souvenirs aux braves Calabrais. Le canot nous remit à bord de la *Psyché*, après une demi-heure de navigation, sans que nous eussions vu le prodige de la *fée Morgan*. Il faut savoir qu'à certains jours de grande chaleur un effet surprenant de mirage dresse toute la côte de Sicile, avec ses villes, ses montagnes, ses fleuves, comme une fantastique muraille, devant le port de Reggio. Les habitants attribuent ce phénomène à cette digne *fée Morgan*, dont la généalogie ne paraît nullement accessible aux investigations du touriste.

Les petits enfants qui n'avaient pu venir en Calabre nous attendaient avec impatience dans le grand salon des soirées. En un clin d'œil les petits forbans eurent découvert, inspecté, dévalisé, mis en pièce la royale cargaison de nos oranges et de nos monstrueux citrons. Je laisse à penser quelle joie !

Nous les abandonnerons à cette occupation pour parler d'autre chose.

X

L'esprit mauvais

Il y a eu de tout temps , parmi les hommes , une grande crainte
de ces puissances de l'air dont parle saint Paul, qui emploient tout
leur être , leurs facultés , leurs connaissances , à nous faire tomber
dans le mal. Aussi la plupart des histoires lugubres qu'on se dit
tout bas, pendant les soirées d'hiver, ont-elles le diable pour principal acteur. Il va sans dire qu'en Sicile , comme ailleurs , Satan
se trouve mêlé au plus grand nombre des légendes ; nous l'avons
déjà vu. En voici quelques autres exemples , que nous tenons de la
bonne Nannette. Elle-même les avait appris des gens de la ville ,
qui les lui avaient dits en se signant. Et telle était l'horreur qu'inspirait à cette bonne fille l'esprit du mal , que jamais elle ne se
fût permis de l'appeler par son nom : c'était toujours, sur ses
lèvres , *le Malin* ou *le Noir*. Comme nous aimons, pour nous, à
restituer à chacun ce qui lui revient de droit, nous rendrons à
l'être en question son nom véritable de Diable. On ne s'en forma-
lisera point.

Il y avait donc , suivant ces récits , dans les environs de Calta-
girone, au milieu des montagnes de l'intérieur de l'île, un château
dont le seigneur était malade. On était au temps de l'Avent, tout
près de la fête de Noël , et chacun sait avec quelle dévotion tout
chrétien désire solenniser cette sainte fête. Ce seigneur, plus que
les autres, attachait à ces actes de piété une importance extrême ;
il se croyait près de mourir, et certes , bien différent du marquis
de Sp...., l'idée de paraître devant Dieu sans être muni des sacre-

ments le faisait frissonner. Comme il avait dans son château une chapelle, il écrivit à l'évêque pour obtenir de lui deux prédicateurs, qui pendant toute l'octave donneraient des instructions à ses gens et aux bergers des hameaux voisins, privés la plus grande partie de l'année du pain de la divine parole.

Il fut exaucé, et deux prêtres reçurent l'ordre de partir pour cette mission. Ils se mettent en route la veille même de la fête, espérant arriver à temps au château, dont ils ne savaient pas au juste la situation. Cette ignorance fit qu'ils se perdirent.

Longtemps ils errèrent dans ces routes difficiles ; la nuit ajouta à l'embarras de leur position, et, fatigués, ils tenaient déjà conseil pour savoir s'ils ne chercheraient pas quelque abri dans une vallée et s'ils n'y attendraient pas le jour, lorsqu'une lumière assez vive attira leurs yeux sur le sommet d'une colline distante de deux ou trois milles. C'était évidemment une habitation, et ils n'avaient rien de mieux à faire que de s'y rendre. Mais, à mesure qu'ils en approchaient, la lumière augmentait, ou plutôt ils voyaient plus distinctement une quantité de fenêtres éclairées. C'était un couvent, sans aucun doute. Seulement, d'où vient que jamais ils n'en avaient entendu parler ? Et pourtant ce couvent est magnifique ! quelle façade ! quelle architecture ! Ils seront certainement tout-à-fait en dehors de leur chemin. Quant aux lumières, elles s'expliquent naturellement. C'est la nuit de Noël, et tout bon chrétien la passe en prières. Ils pressent donc le pas, afin de s'assurer de tout par eux-mêmes et de trouver un asile pour la nuit. Ils arrivent.

Ils sonnent. Un prieur vénérable, la tête couverte du capuchon des pénitents, vient lui-même leur ouvrir. Après les premiers saluts d'usage, informé de ce que demandent les voyageurs, le prieur s'empresse de mettre à leur disposition la maison tout entière pour autant de temps qu'ils y voudront demeurer.

» Mais, ajoute le religieux, vous êtes fatigués, mes frères ; vous avez besoin de nourriture autant que de repos. Venez avec nous ; nous nous réunirons en votre honneur au réfectoire, et vous réparerez là vos forces. Ensuite, mes frères, nous vous en supplions, vous nous adresserez quelques paroles d'édification ; la communauté vous entendra avec grand bonheur dans cette nuit solennelle. »

Or, de ces deux prédicateurs, l'un, qui avait eu de grands succès dans la chaire, avait livré quelquefois son âme à l'orgueil, et il ne soupçonnait point dans cette invitation un piége tendu par l'ennemi du genre humain. Et c'en était un ! Et il avait remarqué que ce singulier prieur ne montrait point son visage et qu'il n'avait pas prononcé une seule fois le saint nom de Dieu.

Le couvent arrive tout entier, encapuchonné aussi. On se met à table dans un profond silence. Le prêtre monte en chaire.

Il commence : *Au commencement était le Verbe, et le Verbe était Dieu....*

A ces mots il se fait dans la salle un tumulte effroyable ; les religieux se découvrent et laissent voir des visages de hideux démons ; ce sont des cris, des exclamations, des hurlements à faire trembler. Et le prieur élève plus haut la voix pour s'écrier : « Nous avons péché par orgueil.... Oui, cela est vrai.... Pourquoi venir nous rejeter dans nos flammes par le nom de Celui qui a brisé notre empire ? O nuit de Noël, tu seras donc toujours pour nous l'heure du supplice ! Et la parole qui sauve nous persécutera jusque dans les déserts où nous nous retirons pour oublier nos maux ! Maudits soient les orgueilleux ! maudit Satan ! maudits nous-mêmes ! maudits à jamais !... »

Et la terre trembla, les lumières s'éteignirent ; les murs du monastère s'évanouirent comme un nuage au souffle du vent. Et les deux prêtres se retrouvèrent, terrifiés, au milieu de la campagne où ils s'étaient égarés en venant.

Ils comprirent tout. Par cette invitation à prêcher, le diable avait voulu les faire tomber dans l'orgueil, en admirant beaucoup leur éloquence et en la faisant applaudir par ses esprits mauvais. Le nom du Verbe avait mis en fuite cette troupe maudite. Leçon précieuse pour les deux pieux ministres de Dieu ! ..

Ils s'en entretinrent toute la nuit, marchant sans se plaindre et sans songer à la fatigue. Et quand ils furent parvenus, avec les premières lueurs du jour, au château qu'ils devaient évangéliser, on dit qu'un sujet unique fut la matière de leurs discours pendant la mission de la semaine : *l'humilité.*

Un nom qui n'est pas moins odieux au démon, c'est celui de Marie, et les légendes siciliennes nous l'apprendront encore par la bouche de Nannette.

Voyez-vous ce blasphémateur invétéré, dont les paroles impies scandalisent tous ses frères? Un jour, dans un de ces emportements où il ne se possède plus, il dit à son jeune enfant, une toute petite fille bien innocente : « Que le d..... t'emporte! »

Et à l'instant même l'enfant disparaît!

Oh! quel fut le désespoir du malheureux père! Il avait, quoique impie dans son langage, une dévotion très-vive à Marie. Il court, effaré, à l'un de ses sanctuaires; il se jette à genoux, et au milieu de ses sanglots, « Mère, dit-il, ô Mère qui avez vu! venez à mon secours! J'ai péché, punissez-moi; mais rendez-moi mon ange, la bénédiction de ma maison, la consolation de ma vieillesse, le trésor de ma famille! » Et il se roulait sur le pavé de l'église.

Marie est toujours aux aguets pour savoir si quelque misère se réclame d'elle. A quelle heure du jour ou de la nuit l'a-t-on trouvée sourde et inexorable? Qu'il se lève, celui à qui pareil accueil a été fait!... » Marie entendait donc ces soupirs, elle vit cette douleur, elle aima cette confiance en elle; et animant à l'instant même sa statue, « Mon fils, lui dit-elle, il y a longtemps que tes blasphèmes offensent le Seigneur. Mais tu es venu à moi, et tu ne me quitteras pas sans obtenir quelque chose. Gravis ce soir la montagne, et là il te sera montré ce que tu demandes.... »

Une demi-heure après, le temps de courir sans prendre haleine, il était assis sur la haute montagne, perçant de ses regards impatients l'horizon le plus éloigné, interrogeant les buissons, les vallées, les chemins ombragés, les précipices. Dix heures il resta dans cette mortelle attente, et vainement!.... Toutefois, à la nuit tombante, il entrevit dans le lointain quelque chose.

Un cavalier, monté sur un cheval noir, enveloppé d'un ample manteau noir, le visage couvert d'un masque noir, s'avançant à grands pas ; il dévorait pour ainsi dire l'espace, léger comme la brise, rapide comme la flèche du chasseur. Là il passa comme une ombre auprès du pauvre Sicilien , pour disparaître au fond d'un abîme...

Mais dans cet intervalle de temps, le père avait aperçu sa fille chérie sur la croupe du cheval... Et l'enfant lui avait tendu les bras en souriant...

Il s'élance en vain , il ne saisit que le vide ; il appelle, point de réponse ; il regarde, plus rien... L'abîme avait dévoré l'apparition.

Alors, désespéré, il retourne à la chapelle de la Madone : « Vous m'avez trompé, ô Mère ! s'écrie-t-il. Est-ce là votre miséricorde ? Est-ce donc le compagnon que vous donnez à ma fille ? O Mère , il l'emporte, il en est maître, il la torture. Et cela sous vos yeux !... Malheureux que je suis ! criminel et déplorable père ! oh ! rendez-moi ma fille ! »

Et la Madone, abaissant encore sur le suppliant un regard de tendresse mêlé de gravité, lui dit : « Tu as péché, mon fils, et tu ne parles pas de pénitence ! cette leçon est sévère ; tu en profiteras pour l'avenir. Jeûne pendant quarante jours. Et alors peut-être le Ciel apaisé te rendra le trésor qu'il t'a ôté... »

Croyez-le bien, vous tous qui avez un cœur, la pénitence fut faite. Non-seulement il jeûna de nourriture , le coupable Sicilien, mais il jeûna aussi de paroles ; car pendant ces quarante jours il n'en voulut prononcer d'autres que celles de la plus ardente prière.

Et au bout de quarante jours, comme il s'apprêtait à courir le lendemain aux pieds de Marie, voici que dès le matin, soleil de miséricorde, elle vient luire à ses yeux, tenant dans ses bras l'enfant heureuse et couronnée de frais bluets. Et, la déposant auprès du père qui veut éclater en expressions de reconnaissance, elle lui fait un signe d'adieu et remonte au ciel, où les chœurs des Séraphins la reçoivent au bruit de leurs éternels concerts.

Le père, ivre de bonheur, n'a pas assez de larmes pour son émotion, pas assez de baisers pour sa fille.

« Eh ! qu'as-tu fait pendant toute cette absence, ô ma biena:mée enfant? Que tu as dû souffrir, mon Annita! Raconte à ton pauvre père ce qu'ils t'ont fait. Oh! mais tu n'iras plus dans ce gouffre, mon ange! mon amour! ma joie!

— Mais, papa, répondit l'enfant dans son langage naïf, c'était bien beau! La maison était noire, les hommes aussi, des hommes vilains.... Ils faisaient la grimace à Annita.... Et Annita disait sa petite prière, Annita avait bien peur.... Et puis il descendait une bonne dame qui apportait des fleurs et des bonbons.... Et Annita jouait avec la bonne dame.... Et on promenait Annita sur un grand cheval bien doux, dans des pays très-loin, sur l'eau, sur les montagnes.... Oh! Annita avait plus peur.... Et la dame est venue aujourd'hui, et elle m'a apportée.... Papa, nous irons encore, n'est-ce pas? C'est si bon de sauter dans l'air, de voir la belle dame et de manger des bonbons qu'elle apporte! »

« Y a-t-il besoin d'achever, ajoutait la vieille Nannette. Vous autres enfants, avez-vous compris cela? N'ayez jamais peur du Noir, tant que vous aurez près de vous la bonne Vierge! »

Quel simple et candide récit! comme il va mieux au cœur que toutes ces histoires laborieusement inventées dans une froide composition! le cœur l'a dicté, le cœur le comprend; Marie peut-être a ajouté réellement ce trait de maternel amour à tant d'autres que l'on raconte d'elle sur toutes les plages du monde....

XI

Encore la douce Madone!

Il est nuit. Les sentinelles viennent d'être relevées, les portes de
Syracuse sont fermées ; le silence gagne peu à peu la ville entière,
et dans quelques instants on n'entendra plus guère autre chose
que le sifflement du vent du sud sur les vagues du port qu'il soulève par intervalle et chasse contre la jetée.

A ce moment, au fond de la grande caserne, on peut apercevoir
une fenêtre éclairée encore, et derrière les carreaux de cette
fenêtre un jeune officier qui se promène à grands pas en se frappant le front et en prononçant tout haut des paroles d'inquiétude
et de colère. Par instants il s'arrête comme indécis, et quelques
secondes après, une énergique détermination semble se lire sur ce
jeune et mobile visage.

Enfin, il se pend à la sonnette de son appartement ; et deux
minutes après, son domestique, un soldat aussi, se présente à la
porte, fait le salut militaire et demande ce qu'on désire de lui.
« Il me faut absolument voir ce soir Matthéo ; qu'on me l'envoie
de suite ! »

L'officier continue à se promener. Bientôt paraît Matthéo. C'é-
tait une de ces figures spirituelles et sournoises, telles que l'on
en rencontre souvent dans les conditions difficiles où l'habileté
supplée à la force, chez le paysan par exemple, lorsqu'il s'imagine — et il se l'imagine toujours — avoir à se défendre des gens
en habits et des citadins de son arrondissement. Deux petits yeux
brillants et enfoncés sous une voûte prononcée de l'os frontal, les

cheveux plantés sur les tempes et voisins des sourcils, un front
étroit et sans caractère, annonçaient une nature peu ouverte,
étroite dans ses idées, et par conséquent tenace et entêtée à l'excès;
une de ces natures qui restent insignifiantes tant qu'elles végètent
sans se révéler à elles-mêmes, mais qui deviennent entre les mains
d'un autre, ou même sous la seule impression d'un sentiment
profond et subit, de terribles instruments d'action pour le mal
beaucoup plus que pour le bien.

Matthéo entra et se tint humblement dans un coin de la chambre,
inquiet du sujet qui l'amenait à cette heure indue en présence de
l'un de ses chefs qu'il redoutait le plus pour sa vivacité et ses emportements. L'honnête soldat ne se rappelait point d'infraction à
la discipline qui pût lui mériter un châtiment, et cette idée le
rassurait un peu. Quand l'officier se vit seul avec lui, il s'avança
brusquement de son côté.

« Matthéo, lui dit-il, j'ai de graves sujets de mécontentement
de ta conduite. Cela ne peut durer ainsi. Si tu as résolu de mettre
le désordre et l'indiscipline dans ma compagnie, je te ferai châ-
tier d'une manière qui t'ôtera l'envie de continuer...

— Capitaine, répond en tremblant le soldat, je ne sais pourquoi....

— Ah ! tu ne sais pourquoi, misérable ! je te l'apprendrai bien.
Crois-tu que toutes tes menées ne me soient pas connues? est-ce
que tu t'imagines par hasard que je suis dupe de ton hypocrisie?
Je te connais, et tout cela aura un terme, car je le veux, en-
tends-tu? je le veux ! »

Et les yeux du capitaine s'animaient, sa voix s'élevait par degrés au diapason de la colère. L'orage avait éclaté, et à son explosion il était facile de voir qu'il avait été longuement amassé.

« Mais, mon officier, je crains que de faux rapports vous
aient été fait sur mon compte; car, je vous le jure, je ne sais à
quelle faute vous faites allusion; je n'en ai point à me reprocher
contre mes devoirs de soldat du roi, et je voudrais connaître
l'accusation que l'on fait peser sur moi, afin de vous convaincre
qu'elle ne peut être qu'un effet de la calomnie ou de l'erreur. »

Malgré l'assurance de cette réponse, on y voyait, ou plutôt on y devinait, je ne sais quel embarras secret, qui se traduisait par des regards furtifs et faux et par une humilité affectée.

« *Corpo di Baccho!* s'écria de nouveau le capitaine. Matthéo mon ami, je te dis qu'on ne m'en impose pas ainsi, et que j'ai des yeux qui percent les murailles, et des oreilles qui entendent les discours à mi-voix. Voici un mois, ou cinq semaines au plus, que tu as été envoyé de Naples dans ma compagnie, et déjà tu as monté toutes les têtes... Voyons, il s'agit ici de s'expliquer une bonne fois : que sont toutes ces prétendues apparitions dont tu as rempli la tête de mes soldats? quel est ce commerce que tu te vantes d'entretenir avec le diable? Nous prends-tu pour des fous? *Sangue di Diana!* Parce que tu arrives de la capitale, penses-tu avoir affaire à un troupeau d'imbéciles qui avaleront comme de l'eau claire tes balivernes et tes contes à dormir debout? »

Ici Matthéo releva fièrement la tête; l'officier venait de toucher une corde sur laquelle il semblait n'avoir rien à craindre. D'accusé qu'il était tout à l'heure, le voilà presque comme un juge qui va dicter sa sentence.

« Ah ! capitaine, dit-il en clignant ses petits yeux et en se croisant les bras, c'est sur ce chapitre que nous en sommes... Bien ! il fallait le dire... Je comprends maintenant : ce n'est plus au soldat que vous avez affaire, c'est à Matthéo le sorcier, à Matthéo le devin, le prophète, ce que vous voudrez.... Je suis bien aise de savoir enfin sur quel point me défendre... Que votre seigneurie m'offre donc un siége, et nous causerons un moment, car le chapitre est long, et les rôles entre nous pourront changer.... »

Et, sans attendre le consentement de son supérieur, Matthéo avise une chaise et s'y établit, en faisant signe à l'officier de l'imiter.

Matthéo avait dit vrai; les rôles venaient de changer. Stupéfait de ce langage insolite et hardi, fasciné par cette voix devenue de suppliante impérieuse, et peut-être aussi par l'heure solennelle où cette question était débattue, l'officier avait machinalement choisi à son tour un siége et écoutait... non sans éprouver intérieurement un accès de colère qu'il parvint pourtant à maîtriser.

« Seigneur Matthéo, dit-il, allez vite en besogne! J'aime les affaires qui se terminent rondement, surtout quand elles sont de la nature de celle-ci et qu'on y trouve une impudence égale à la vôtre... Je vous demande encore une fois pourquoi vous semez parmi mes soldats des terreurs qui nuisent au courage que j'ai trouvé jusqu'ici en eux.... Qu'est-ce que ce diable dont vous venez leur parler? ces apparitions dont vous vous vantez? Je veux le savoir à l'heure même, ou votre insolence de ce soir vous coûtera cher.

— Capitaine, veuillez me répondre à votre tour : suis-je libre oui ou non, d'employer à quoi bon il me semble les instants que la discipline accorde à chaque soldat? Sans doute, me direz-vous : eh bien! ces instants, capitaine, je les consacre au diable ; avez-vous compris?

— C'est ce que nous verrons, monsieur, dans l'enquête que je vais faire ouvrir! Mais, en tout cas, s'il vous est loisible de consacrer à ce genre particulier d'exercices le temps que la discipline vous laisse, il ne l'est nullement que vous fanatisiez vos camarades, et que vous répandiez dans toute la compagnie que je commande des terreurs et des superstitions ridicules qui tiennent toutes les têtes en l'air. Je vous ai mandé, seigneur Matthéo (et en prononçant ce mot un sourire de mépris effleura les lèvres du jeune officier), non point pour disserter avec vous sur les occupations auxquelles il vous plaît de vous livrer, mais pour vous enjoindre de vous taire à l'avenir et de cesser toutes vos jongleries de sorcier, dans lesquelles je vous déclare que je pourrais bien voir un jour celles d'un coquin dont nous surveillons les actions...

— Je le vois, mon officier, dit Matthéo en se levant, c'est de nouveau au soldat que vous parlez; à ce titre je vous dois toute soumission; je m'incline devant vos ordres, et à partir de ce moment vous n'entendrez plus parler autour de vous de ce qui vous afflige de cette manière. Je garderai pour moi-même ma science et mes mystérieux exercices, et je pense qu'alors on n'aura plus de reproches à m'adresser. Permettez-vous que je me retire?

— Un instant, monsieur. Je n'ai jamais vu en vous qu'un soldat, et si vous avez pris avec moi tout à l'heure le ton et le langage d'un égal, ce n'est point moi qui vous y ai autorisé, sachez-le bien. Retirez-vous, et veillez à l'exécution de votre parole. »

Matthéo salua ; le bruit de ses pas pesants sur les dalles du corridor annonça bientôt qu'il avait disparu.

Alors l'officier se promena de nouveau. Il était mécontent.... mécontent de lui-même beaucoup plus que de Matthéo, en qui il avait été étonné de trouver un éclair de dignité. Cette parole étrange, *les rôles entre nous pourront changer*, lui avait causé une profonde et subite impression. Cet homme, qu'il avait pris, sur les rapports qu'on lui faisait depuis une semaine, pour un stupide jongleur, prenait tout à coup les proportions d'un être puissant, sûr et convaincu de son fait ; soldat humble et obéisant sous les drapeaux, maître en quelque sorte et supérieur aux autres quand il était rendu à sa liberté de citoyen. Quelque chose d'étrange était caché dans tout cela !

Et puis, il faut bien le dire, l'officier était remué par un autre ordre d'idées contre lesquelles il se fortifiait vainement. Fils d'une mère qui avait passé sur la terre comme un ange de bienfaisance et de piété, il avait reçu d'elle l'éducation la plus religieuse ; sa jeunesse avait été édifiante ; il n'y pensait qu'avec regret et envie. Plus tard, lancé au milieu des camps où l'avait porté un attrait naturel, il s'était laissé séduire par les compagnies mauvaises, par les passions, par l'orgueil. A ce moment il ne croyait plus à rien, et ce malheureux s'en vantait. Et pourtant il venait de voir un soldat qui croyait au diable, lui, qui parlait du diable comme s'il l'avait vu, comme s'il le voyait souvent. On racontait qu'il l'avait fait voir à plusieurs de ses camarades. C'était à n'y plus rien comprendre.

Aussi passa-t-il la nuit sans dormir ; et quand vint le jour, il avait pris une résolution définitive : il voulait voir par lui-même !

Matthéo est appelé.

« Matthéo, lui dit l'officier, je t'ai fait venir aujourd'hui encore pour terminer notre conversation d'hier.

— Je croyais, capitaine, que tout était dit sur ce chapitre. N'avez-vous pas ma parole ? Ai-je, depuis hier, enfreint l'ordre que vous m'avez donné ?

— Matthéo, tout n'a pas été dit entre toi et moi, sache-le bien, nous avons à parler plus longuement. Assieds-toi et causons. »

Le soldat recula d'un pas.

» Capitaine, dit-il, avant de répondre à votre invitation, un mot seulement : est-ce au soldat que vous avez affaire ? est-ce au sorcier?

— Eh mon Dieu ! à qui tu voudras ! que ce ne soit pas au soldat si cela te convient; je ne puis pourtant pas dire non plus que c'est au sorcier, car je ne crois ni à Dieu ni à diable, et beaucoup moins aux sorciers.

— Cela suffit, mon officier, je ne suis plus ici, pour un moment, votre soldat; je suis Matthéo de Naples, je vous écoute. »

Et il s'assit avec une certaine dignité.

A présent, M. Matthéo de Naples, je désire savoir comment il se fait que vous croyiez au diable et s'il est vrai que vous êtes en commerce intime avec lui. La question me paraît piquante, et j'attends avec une réelle impatience des explications franches de votre part. Vous voyez que j'ai quitté mon caractère de supérieur et que j'entre de plain-pied en matière.

— Capitaine, répondit le soldat d'un ton doctoral, vous me demandez si je crois au diable. Dites-moi, croyez-vous que je sois ici à vous parler en ce moment?

— J'ai peine à en douter, *corpo di Baccho !*

— Eh bien, je ne doute pas non plus de l'existence du diable, parce que, quand il me plaît, je lui parle comme j'ai l'honneur de vous parler en ce moment même, d'aussi près, sur le même ton...

— Ah! voilà qui est un peu fort, Matthéo! Croyez-vous me faire avaler cette couleuvre? Je vous dis, moi, qu'il n'y a point de diable.... si ce n'est, ajouta-t-il d'un rire assez équivoque, dans certaines bourses où il loge contre mon gré.

— Soit, capitaine. Il n'y a point de diable, qui vous force d'y croire ?

— Mais tu dis que tu l'as vu ?

— Oh ! moi, c'est différent, je crois au diable. Mais vous êtes libre, vous. Tenez, capitaine, n'y croyez pas, ajouta Matthéo avec une espèce de soupir, c'est encore pour vous le meilleur... Et moi, il faut bien que j'y croie...

— Matthéo, nous jouons ici un jeu qui commence à me fatiguer. Je vais droit au but. Tu vois le diable, dis-tu ? Je désire le voir aussi. Veux-tu me le montrer ? Je t'attends à l'ouvrage... »

Convaincu plus que jamais qu'il avait devant lui un de ces charlatans dont tout le prestige est dans une audace sans bornes, l'officier avait espéré par cette brusque demande embarrasser, décontenancer son homme, pour l'amener ensuite à avouer qu'il spéculait sur une ignorante crédulité, et qu'en réalité il n'y a pas plus de diable qu'il n'y a de Dieu : conclusion épouvantable sur laquelle les remords de sa conscience lui faisaient un besoin de se fortifier, nous l'avons dit. Il fut donc étrangement surpris lorsqu'il entendit Matthéo lui répondre sans s'émouvoir.

« Mais, capitaine, quand il vous plaira, je suis tout à vos ordres. Ce soir, par exemple, demain, après-demain, choisissez le jour...

— En vérité ? c'est aussi commode ? » Et ses yeux dardaient sur Matthéo, qui les reçut sans sourciller, des regards interrogateurs ressemblant à des éclairs.

— Aussi commode ! » répondit négligemment le soldat.

« Eh bien, j'accepte, Matthéo : ce soir, tu me feras voir le diable !

— Un instant, capitaine ; vous avez fixé le jour ; à moi maintenant les conditions. A minuit... seul... dans le petit bois qui se trouve à gauche de la route de Catane, à six milles de Syracuse!...

— Soit !... Mais, dis-moi, seul ?... Es-tu bien sûr que je ne puisse pas emmener quelques-uns de mes gens? Cela les édifierait! Ils jouiraient de voir la science du seigneur Matthéo ! Tu ferais des prosélytes... Allons, nous irons une demi-douzaine de gens, c'est entendu.

— Capitaine, la chose est grave; elle n'admet pas la plaisanterie. Quand il s'agit de celui dont nous avons prononcé le nom, j'entends que devant moi on en parle avec crainte; j'ai mes raisons pour l'exiger... Je vous l'ai dit, seul... tout seul... et ce n'est pas tout; j'ai bien d'autres conditions !

— Peste ! Matthéo, ce qui était commode tout à l'heure semble devenir maintenant bien difficile ! Serait-ce donc un moyen de m'échapper ? Je me suis trop avancé pour reculer. Matthéo, j'entends voir cette nuit même ce que tu appelles le diable; et malheur à toi si tu m'as trompé !

— Je ne trompe personne, capitaine. Vous m'avez défendu vous-même de parler de cela à vos soldats, vous ne voulez pas que je les fanatise : souffrez donc que je me conforme à vos ordres. Vous viendrez seul, ou bien nous mettrons qu'il n'a été question de rien entre vous et moi...

— Allons, seigneur Matthéo, j'irai seul... à minuit... à l'endroit désigné... Au reste, il ne faudrait pas, mon ami Matthéo, prendre trop à la lettre ce mot *seul*; il va sans dire que j'aurai bien quelque compagnie. J'estime infiniment le seigneur Matthéo de Naples; j'ai en lui la plus parfaite confiance. Oh ! cela est bien certain ! Mais une vieille habitude, que nous avons conservée en Sicile depuis le temps de nos bonnes *Vêpres siciliennes*, fait que nous ne sortons point à minuit sans une bonne lame... sans quelques pistolets... simple habitude, seigneur Matthéo, et dont il ne vous faut point offenser. Je vous préviens d'avance, mon maître. Je joue cartes sur table !

— Oui, capitaine ! Eh bien, habitude pour habitude ! Moi, la mienne est de n'admettre point dans ma compagnie, à minuit, des gens qui ont épée et pistolets. On vient sans armes, ou serviteur très-humble !

— Ah ! ah ! mon honnête gentilhomme ! mon digne et brave seigneur Matthéo ! je vous y tiens... Oh ! certainement j'irai, à minuit, dans un bois, sans armes, me remettre entre les mains d'un homme que je ne connais pas et qui pourra occuper ses loisirs à m'assassiner tranquillement... Oui, oui ! oh ! j'irai, bien sûr... »

Le soldat avait bondi sur ses pieds.

« Moi, capitaine, vous assassiner ! Moi vous appeler dans un coupe-gorge ! Et que me fait à moi que vous viviez ou que vous mouriez ? Qui m'a appelé ici ? Qui m'a demandé de lui faire voir une mystérieuse scène nocturne ? Oh ! si je suis un assassin, laissez-moi partir. Tout est rompu, mon officier ! nous ne nous entendons point. Je vais à mon poste, car voici l'heure, et vous ne voudrez pas que je manque à la discipline...

Cette indignation sincère avait rassuré l'officier. Il vit qu'on ne méditait point un crime contre lui. Il prit à l'instant son parti.

« Matthéo, ce que j'ai dit est sans conséquence... A minuit, sans armes, je te le promets ; seul, dans le petit bois... Ta parole m'est donnée, tu as la mienne.

— A la bonne heure, capitaine ! Mais j'exige encore autre chose...

— C'est donc un dessein formé de me décourager ?

— Nullement. Je vous ai parlé de deux autres conditions, vous n'avez entendu que la première. La seconde...

— La seconde ?....

— C'est que vous n'ayez sur vous aucun objet de religion, croix, chapelet, médaille ; rien absolument.... Il y va de ma vie...

— Oh ! pour cela, s'écria en riant aux éclats l'officier, tu peux être tranquille, ces amulettes ne sont pas ma passion. Un sorcier comme toi ne trouverait pas ces dignes objets là dans un coin d'appartement où j'aie posé les pieds depuis six ans. J'accepte, Matthéo, j'accepte cette condition. Elle est déjà remplie....

— A ce soir donc, capitaine !

— A ce soir, et soyons exacts ! »

Le soldat rentra à la caserne.

C'était un beau jour du mois de septembre, qui est encore si chaud sous le doux soleil de Sicile. Les deux militaires ne se revirent point de toute la journée. Seulement Matthéo, s'il fut attentif, et Matthéo l'était, put s'apercevoir que toutes ses actions étaient épiées. Il ne douta point que l'officier n'eût pris contre lui cette précaution, afin de l'empêcher de préparer aucune fantasmagorie pour la nuit suivante. La précaution fut inutile : car le soldat ne fit paraître ce jour-là ni plus d'empressement ni plus d'inquiétudes que les autres jours; on ne le vit, à aucun instant, préoccupé ou cherchant la solitude. L'officier fut frappé de cette assurance d'un homme qu'il persistait à regarder comme un jongleur. Son désir d'arriver au rendez-vous n'en fut que plus ardent.

Après un beau jour, vient ordinairement, sur les côtes d'Italie, une de ces nuits admirables dont on trouve partout la poétique description. Tout était prêt. L'officier, après avoir laissé sur sa table un mot d'écrit pour apprendre ce qu'il était devenu si par hasard il lui arrivait malheur, prétexta une affaire et sortit de la caserne vers dix heures et demie, en recommandant à son domestique de ne le pas attendre avant trois ou quatre heures du matin.

La lune était dans son plein et projetait au loin sa pure et blanche lumière. Pas le moindre bruit dans la ville ni sur la route; de temps en temps seulement, un mouvement plus rapide des vagues qui se brisaient sur la grève; la brise courait par le feuillage, qu'elle battait doucement de ses ailes invisibles. Tout était recueilli dans la nature et invitait au repos : mais tout le monde ne reposait pas !

Le capitaine marchait rapidement, résolu à pousser jusqu'au bout l'aventure. « Enfin, se disait-il à lui-même. je vais assister » à une étrange et curieuse scène. Ce garçon m'a l'air convaincu. » Voyons donc ce qui peut causer son illusion ; car enfin il n'y a » pas de diable, la chose est certaine... Oh ! mais, au moins, » M. Matthéo, je vous honore et vous estime profondément ; vous » êtes, par l'arc de Diane, un fidèle et loyal militaire ; malheur· » à qui en douterait! Mais, voyez-vous, mon maître, rien n'est » si fidèle qu'une bonne épée, et à tout hasard, qui sait? j'en » ai pris une avec moi. Je connais pourtant nos conventions, et je » suis homme de parole. Aussi jetterai-je cette arme à quelques » pas de moi, dans les broussailles, pour ne la reprendre que dans » certain cas qui vous paraîtrait imprévu, mais qui ne le sera » pas pour moi. Marchons donc, et ne craignons rien. »

Ce n'est pas qu'il n'éprouvât une certaine impression indéfinissable. Quelle que fût sa certitude apparente, il ne faisait que douter de l'autre monde, et rien ne frappe le cœur humain comme les communications avec ce monde inconnu. Il était vivement agité dans son intérieur.

Après une bonne heure de marche, vers onze heures et demie, il aperçut au clair de lune le massif qui lui avait été indiqué par Matthéo. La position était solitaire ; impossible de mieux choisir pour une conjuration ou un mystère quelconque. L'heure indue permettait d'ailleurs, mieux que tout le reste, d'agir en parfaite liberté. L'officier s'arrête à quelque distance, afin de s'assurer à la fois du terrain et de la sécurité qu'il y a pour lui à avancer. Il écoute d'une oreille attentive, retenant son haleine, pour saisir quelque indice de la présence de son soldat. Pas une feuille ne remue. Des yeux il cherche à pénétrer le fourré ; il en distinguait bien les contours, mais l'intérieur lui échappait. Dans tous les cas, s'il y avait quelque embûche dressée au-devant de son courage, elle ne paraissait pas bien formidable. Il marche droit au plus épais du massif, après avoir caché son arme à quelques pas, dans une haie de cactus, il pouvait d'un bond la saisir.

A ce moment, une voix impérieuse qui le fit tressaillir sortit du milieu des arbres : « Par ici, capitaine ! Vous êtes exact ; vous voyez si je l'ai été moi-même. »

Et aussitôt Matthéo paraît, dans son vêtement ordinaire de soldat, n'ayant à la main qu'une simple baguette qui témoignait assez de ses dispositions pacifiques. Oubliant absolument la condition de son supérieur, il se mit à le traiter avec une hauteur et un ton de commandement qui froissèrent vivement celui-ci.

» As-tu donc oublié à qui tu parles, Matthéo ?

— Et vous, monsieur, savez-vous à qui vous avez affaire en ce lieu ? Ce n'est plus le soldat qui obéit sans murmurer, dans les murs de Syracuse, aux ordres que vous lui donnez ; je l'ai dit : *les rôles sont changés.* Votre maître, jusqu'à l'achèvement de la cérémonie que vous avez voulu voir, votre maître est devant vous, capitaine !

— Mon maître, scélérat !

« — Oh ! monsieur, rien n'est commencé encore. Nous pouvons nous retirer l'un et l'autre. Vous êtes libre, et moi aussi. Ce n'est point Matthéo qui vous retiendra malgré vous. Il faut m'obéir en ce moment, ou tout est rompu entre nous. C'est à prendre ou à laisser, capitaine.

— Allons, tu as raison. J'ai confiance en toi. Mais dépêche-toi, Matthéo ; voici que minuit va sonner, et le plus tôt que nous rentrerons sera, pour toi comme pour moi, de beaucoup le meilleur.

— Venez donc près de moi, monsieur ; je dois vous fouiller avant tout, pour m'assurer que nos conditions sont gardées.... »

Cette idée d'être fouillé comme un criminel ou comme un homme suspect fut bien autrement dure pour le jeune officier, qui chercha instinctivement la garde de son épée. Il ne la trouva pas, et, sans vouloir incidenter davantage, il permit à Matthéo de constater qu'il n'avait pas d'armes sur lui.

« Maintenant, capitaine, il y a, je vous l'ai dit, une condition plus importante que toutes les autres. Avez-vous sur vous quelque objet bénit, chapelet, scapulaire, médailles, crucifix ? Je m'en rapporte à vous. Ma vie dépend de l'absence complète d'objets de cette nature.

— Imbécile, je te répète que tous ces instruments de la superstition ne m'ont jamais touché. Me prends-tu pour un bigot ? Je ne crois pas plus à ton diable qu'à tous les saints du paradis. Tu peux être sûr de ce côté que rien ne menace ta vie.

— C'est bien, je crois à votre parole. Vous voulez voir le diable ?....

— Oui, si tu peux me le montrer....

— Vous désirez qu'il se présente à vous ?....

— S'il existe !....

— Assez ! Le silence, capitaine.... J'ai entendu.... »

Et la voix du soldat devint haletante. A la lueur incertaine de la nuit étoilée, on pouvait distinguer sur ce visage une horrible contraction ; les yeux lançaient des éclairs. Matthéo allait, venait, traçant autour de lui des cercles concentriques, prononçant de mystérieuses paroles, se tournant vers l'Orient, vers l'Occident, vers le Septentrion, vers le Midi. Puis il s'arrêtait, écoutant avec inquiétude, la respiration pressée... Et il recommençait... Son ombre mouvante se dessinait sur le sol, à la clarté de la lune. Le capitaine ne pouvait arrêter sur lui ses regards sans qu'une sueur froide lui coulât sur tous les membres.

— Incroyable ! s'écria le soldat... Il ne vient pas ! quelque chose l'arrête sans doute !... Et je vais... »

Il n'avait pas achevé sa phrase, que les cercles tracés sur le sol s'animèrent comme s'ils eussent été de flammes ; un coup de tonnerre retentit, sec et déchirant ; les arbres se mirent à s'agiter et à s'incliner comme dans un tremblement de terre ; la nue sembla se fendre.... Le capitaine entendit, sans rien voir, un dialogue rapide et fiévreux entre le soldat et un interlocuteur invisible. Puis, tout à coup, la foudre tombe, et la voix désespérée de Matthéo s'écrie :

« Ah ! capitaine, vous m'avez trompé ! je suis perdu !... »

A ces accents lamentables, l'officier se précipite vers le soldat ; il ne saisit que le vide... Il appelle : Matthéo ne répond point...

Brisé, épouvanté, le capitaine tombe sans connaissance....

Quant il revint à lui, il était deux heures. C'était toujours le silence de la nuit. Cette fois le Sicilien eut peur. Il ramasse son épée, et, plus mort que vif, il regagne Syracuse, où l'on commençait à s'inquiéter de son absence.

Quinze jours durant, il fut saisi d'une fièvre qui le tint entre la vie et la mort. Il fit rechercher partout Matthéo. Personne ne l'avait vu depuis la nuit fatale. Son signalement fut envoyé dans toute l'île et jusque sur les côtes de la Calabre. On retrouva seulement, dans le buisson, quelques fragments de ses habits accrochés aux branches supérieures des arbres, comme si le malheureux avait disparu dans les airs.

Personne, depuis cette époque, n'a pu rien savoir de Matthéo.

Pour le jeune officier, il ne pouvait plus hésiter, et, caractère loyal et franc, il ne douta plus de l'existence de l'esprit maudit. Un grand changement s'opéra dans ses idées ; une fois ébranlé,

il n'eut pas de peine à comprendre que la réalité d'une
autre vie lui faisait un devoir de la préparer bonne. Il se rappela
les instructions de sa mère, morte deux ans auparavant, les belles
années qu'il avait passées dans le service du Seigneur...

Une chose le tourmentait jour et nuit; le dernier cri du soldat:
Vous m'avez trompé ! vous m'avez perdu !

L'explication ne tarda pas à lui en être donnée.

C'était le huitième jour de sa maladie. Le médecin était auprès
de lui et s'assurait de l'état de son pouls. La chemise du jeune
homme était entr'ouverte sur la poitrine.

« Eh ! que portez-vous donc de noir sur la chair ? » dit subitement le docteur en regardant un objet qu'il n'avait pas encore
remarqué.

Le capitaine y porte la main... C'était un scapulaire ?

« Ah ! maintenant, s'écria-t-il, je comprends tout ! c'est ma
mère mourante qui a passé à mon cou ce scapulaire en me faisant jurer de ne le quitter jamais ! J'y ai fait si peu d'attention
depuis, que je ne croyais même pas l'avoir !

» Matthéo l'avait bien dit : *Il y va de ma vie.... Vous m'avez
trompé !* Mon Dieu ! pardonnez-lui, et recevez dans votre miséricorde un pécheur tel que moi ! »

Le capitaine, dès ce moment, était changé ! il fit, pendant
vingt années encore, l'édification de Syracuse, ne cessant de bénir
la divine Marie, dont la livrée avait causé sa conversion.

TROISIÈME PARTIE

DESCRIPTIONS

⁂

I

L'Etna

C'est pour la Sicile un hôte terrible que ce volcan toujours grondant, et toujours prêt à vomir la lave, le feu et des fleuves d'eau bouillante, sur les villes qui s'adossent confiantes à ses redoutables flancs !

On le sait, les volcans, ainsi que les tremblements de terre, sont dus aux embrasements souterrains excités par l'air et dont la force est augmentée par l'eau. Ils doivent être regardés comme les soupiraux de la terre, ou comme des cheminées par lesquelles elle se débarrasse des matières embrasées qui dévorent son sein. La Providence a ménagé pour l'homme ces phénomènes si effrayants en eux-mêmes, si indispensables cependant ; sans eux, les torrents de matières fondues et vitrifiées, les soufres, les sels, le bitume, qui s'agitent dans les entrailles du globe, produiraient des révolutions bien plus terribles que celles que nous voyons s'opérer aux tremblements de terre ; ils seraient toujours accompagnés d'une subversion totale des pays où ils se feraient sentir.

Les éruptions des volcans sont ordinairement annoncés par des

bruits souterrains semblables à ceux du tonnerre, par des sifflements affreux, par un déchirement intérieur; la terre semble
s'ébranler jusque dans ses fondements. Ces phénomènes durent
jusqu'à ce que l'air, dilaté par le feu, ait acquis assez de force
pour vaincre les obstacles qui le tiennent enchaîné, et alors il se
fait une explosion plus vive que celles des plus fortes décharges
d'artillerie. La matière enflammée, semblable à des fusées vo-
lantes, est lancée en tous sens à une distance prodigieuse et s'é-
chappe avec impétuosité par le sommet de la montagne. On en
voit sortir des quartiers de rochers d'une grosseur incroyable, qui,
après s'être élevés à une grande hauteur dans l'air, retombent et
roulent sur la pente de la montagne ; les champs des environs sont
enterrés sous des amas immenses de cendres, de sable brûlant, de
pierres-ponces. Souvent les flancs de la montagne s'ouvrent tout
d'un coup pour laisser sortir des torrents de matière liquide et
embrasée qui vont inonder les campagnes, et qui brûlent et dé-
truisent tous les arbres, les édifices et les champs qui se trouvent
sur leur chemin. L'histoire nous apprend que, dans deux éruptions du Vésuve, ce volcan jeta une si grande quantité de cendres,
qu'elles volèrent jusqu'en Egypte, en Libye et en Syrie. En 1600,
à Aréquipa, au Pérou, il y eut une éruption d'un volcan qui
couvrit tous les terrains des environs, jusqu'à trente ou quarante
lieues, de sable calciné ou de cendres ; quelques endroits en furent
couverts de l'épaisseur de quarante pieds. La lave vomie par l'Etna
a formé quelquefois des ruisseaux qui avaient jusqu'à dix-huit mille
pas de longueur ; et le célèbre Borelli, savant du xviie siècle, a
calculé que ce volcan, dans une éruption arrivée en 1669, a vomi
assez de matières pour remplir un espace de plus de cent millions
de pas sur une largeur d'un mètre. Souvent on a vu des volcans
faire sortir de leur sein des ruisseaux d'eau bouillante, des poissons,
des coquilles et d'autres corps marins. En 1631, pendant une
éruption du Vésuve, la mer voisine fut mise à sec ; elle parut
absorbée par ce volcan, qui peu après inonda les campagnes
de fleuves d'eau salée.

Il y a des volcans dans les quatre parties du monde. On en

compte huit dans l'Amérique septentrionale, mais assez peu importants : Anion, Atilan, Cataculo, Colima, Guatimala, Léon, Nicaragua et Sonsonate. L'Amérique méridionale en a au moins autant, entre autres celui d'Aréquipa, à quatre-vingt-dix lieues de Lima : c'est une montagne qui jette sans discontinuer un soufre enflammé, et les habitants appréhendent que tôt ou tard elle ne brûle ou n'abîme la ville voisine. En Asie, il y a des volcans dans l'île de Java, dans une des îles Banda (Moluques), dans l'île de Sumatra, sur les côtes de l'océan Indien ; mais le plus terrible de tous est celui de l'île Vernate (Moluques). La montagne est raide et couverte au pied de bois épais ; mais son sommet, qui s'élève jusqu'aux nues, est pelé par le feu. Le soupirail est un grand trou qui descend en spirale et devient par degrés de plus en plus petit, comme l'intérieur d'un amphithéâtre. Dans le printemps et en automne, vers les équinoxes, quand le vent du nord règne, cette montagne vomit avec bruit des flammes mêlées d'une fumée noire, et toutes les montagnes des environs se trouvent couvertes de cendres. Les habitants y vont, dans certains temps de l'année, pour y recueillir du soufre, quoique la montagne soit si escarpée en plusieurs endroits qu'on ne peut y parvenir qu'avec des cordes attachées à des crochets de fer. Le Japon abonde aussi en volcans ; on en voit à Manille, dans les îles Papous, en Tartarie, où l'on en compte quatre. L'Afrique non plus n'est pas sans volcans ; il y en a dans les environs de Fez et ailleurs. Mais les volcans de l'Europe sont les plus connus et les plus terribles : ce sont le mont Hécia en Islande, le Vésuve à Naples, le volcan du Stromboli sur la côte de Sicile, au nord, et surtout l'Etna, dont nous nous occupons maintenant.

Le mot *Etna*, en phénicien, veut dire Mont de la fournaise. Ce volcan se regarde, dit un voyageur, comme trop au-dessus des volcans ordinaires pour procéder à leur façon. Son cratère est une espèce de cratère d'apparat, qui se contente de jouer au bilboquet avec des rocs incandescents gros comme des maisons ordinaires et qu'on suit dans leur ascension aérienne comme on pourrait suivre une bombe qui sortirait d'un mortier ; mais, pendant ce temps,

le fort de l'éruption se passe réellement ailleurs. En effet, quand
l'Etna est en travail, il lui pousse alors tout bonnement, à un
endroit ou à un autre, une espèce de tumeur de la grosseur de
Montmartre ; puis la tumeur crève, et il en sort un fleuve de lave
qui suit sa pente, descend, brûle ou renverse tout ce qu'il rencontre devant lui, et finit par s'éteindre dans la mer. Cette façon
d'agir est cause que l'Etna est couvert d'une quantité de petits cra-
tères qui ont la forme d'immenses meules de foin ; chacun de ces
volcans secondaires a sa date et son nom particulier, et tous ont
fait dans leur temps plus ou moins de bruit et plus ou moins de
ravages.

Le Monte-Rosso est au premier rang : c'est une espèce de puits
séparé dans le fond comme une salière, et qui s'offre maintenant
aux regards avec un air de bonhomie et de tranquillité parfaite ;
sa profondeur peut être de deux cents pieds, et sa circonférence
de cinq ou six cents. C'est de cette bouche que sortit, en 1669,
une telle pluie de pierres et de cendres, que littéralement, pendant trois mois, le soleil en fut obscurci et que le vent la porta
jusqu'à Malte. La violence de l'éjaculation était telle, qu'un rocher de cinquante pieds de longueur fut lancé à mille pas du cratère d'où il était sorti, et s'enfonça à vingt-cinq pieds de profondeur en retombant. Une rivière de feu, large d'une lieue et demie,
rencontra dans son cours les murailles de Catane, et, quoiqu'elles
eussent soixante pieds de hauteur, passa par-dessus en plusieurs
endroits, traversa la ville, et, débouchant dans la mer, lutta
contre elle pendant quinze jours, et la força d'accepter un nouveau rivage qui forme aujourd'hui un môle énorme. De là on dé-
couvre encore vingt-six montagnes produites par des éruptions vol-
caniques. Un antique ruisseau qui coulait au pied de la muraille a
continué de couler sous la lave depuis l'année 1812, protégé il est
vrai par les dalles qui le recouvraient. Depuis que cette eau a revu
le jour, les blanchisseuses modernes sont venues occuper de nouveau le poste des anciennes du temps de Charlemagne et de Denis
l'Ancien !

Un peu plus haut, c'est la région des forêts, si toutefois les

quelques arbres éparpillés, malingres et tortus, qui couvrent le
sol, méritent ce nom. On y voit néanmoins de grands chènes, dépouillés de leurs branches, et quelquefois de leur cime entière,
par les charbonniers qui habitent sur les flancs de la montagne.
La végétation y est admirable de luxe.

La troisième région se marque par la présence des laves, aspect
terrible, sombre, majestueux; le froid y est glacial; l'oreille y
entend des bruits étranges et inconnus, qui ne ressemblent à
aucun des bruits qu'on entend habituellement; on dirait les gémissements d'un être animé. On arrive ensuite aux neiges, qui ne
fondent presque jamais à cette hauteur, puis au pied du cône,
où se trouve une maison, ou plutôt une cabane, bâtie par les
Anglais et qui porte leur nom. On a peine à respirer, l'air devient
rare; on est à neuf mille deux cents pieds d'élévation! Le cratère
est un immense puits de près de trois lieues de tour et de neuf
cents pieds de profondeur. La vue, de là, est ce qu'il y a au
monde de plus merveilleux en ce genre. Virgile nous représente les
Troyens, à leur sortie du golfe de Tarente, découvrant tout à coup
le *fumant Etna* : ce qui prouve que sa hauteur actuelle est, à peu
de chose près, ce qu'elle était quand Virgile écrivait. Ecoutons
M. Dumas :

« Pendant trois quarts d'heure, le spectacle ne fit que gagner
en magnificence. J'ai vu le soleil se lever sur le Righi et sur le
Faulhorn, ces deux Titans de la Suisse : rien n'est comparable à
ce qu'on voit du haut de l'Etna. La Calabre, depuis le Pizzo jusqu'au cap dell' Armi, le détroit depuis Scylla jusquà Reggio, la
mer de Tyrrhène et la mer d'Ionie; à gauche les îles Eoliennes,
qui semblent à portée de la main; à droite Malte, qui flotte à
l'horizon comme un léger brouillard; autour de soi, la Sicile tout
entière vue à vol d'oiseau, avec son rivage dentelé de caps, de
promontoires, de ports, de criques et de rades, ses quinze villes,
ses trois cents villages, ses montagnes qui semblent des collines,
ses vallées qu'on croirait des sillons de charrue, ses fleuves qui
paraissent des fils d'argent comme pendant l'automne il en descend
du ciel sur l'herbe des prairies; enfin, le cratère, immense, mu-

gissant, plein de flammes et de fumée; sur sa tête le ciel, sous ses pieds l'enfer ! Un tel spectacle nous fit tout oublier, fatigues, dangers, souffrances. J'admirais, entièrement, sans restriction, de bonne foi, avec les yeux du corps et les yeux de l'âme. Jamais je n'avais vu Dieu de si près, et par conséquent si grand. Nous jetâmes un dernier coup d'œil sur cet horizon de trois cents lieues qu'on n'embrasse qu'une foi dans sa vie.... »

Dans une éruption qui eut lieu vers 1700, quelques curieux s'étant aventurés trop près du courant de lave, un filet qui s'en détacha vint à pénétrer à travers les interstices d'un ancien monticule volcanique, sur lequel ils s'étaient placés afin de mieux voir, et cette éminence entrant soudainement en fusion sous leurs pieds, deux d'entre eux périrent sur le lieu même, et deux autres, plus tard, des suites de l'accident. Le savant Récupéro, qui a fait une histoire de l'Etna, ouvrage plein des plus précieux détails, raconte une autre catastrophe toute semblable : un monticule de cinquante pieds d'élévation, se composant d'énormes fragments de lave amoncelés et séparés par des interstices où croissaient des arbres, commença en moins d'un quart d'heure à flamber comme de la paille, et s'affaissant finit par couler avec la lave.

On a trouvé des coquillages marins sur d'anciennes laves de l'Etna, et des lits de terre végétale interposés entre des couches de lave durcie comme le roc. On y a vu même certaines urnes antiques remplies de cendres et d'ossements. La vigne croît fort bien sur la cendre du volcan et près de la lave. Dans les régions supérieures de la montagne, le sol végétal, lentement formé, est bientôt entraîné par les vents ou les eaux vers la base de l'Etna, et c'est ainsi que s'explique son étonnante fertilité. Car cette base, qui a vingt lieues de tour, est, de l'aveu de tous les voyageurs, la terre la plus belle et la plus riche de l'Europe entière. Il y a autour de l'Etna soixante-dix-sept villages ou hameaux et cent quatre-vingt mille habitants.

Nous devons aussi dire un mot du fameux châtaignier de l'Etna, connu sous le nom de *Castagno dei cento cavalli*, par la raison que cent chevaux pourraient à la fois trouver place sous son ombrage, et à la rigueur dans son intérieur. *Il a cent douze pieds de tour.* L'aspect est celui d'un groupe circulaire de cinq gros arbres dont l'un est sain et revêtu de toute son écorce, tandis que les quatre autres, revêtus de la leur d'un côté seulement, sont entièrement creux et découverts de l'autre côté, et ont l'air d'être des restes de très-gros arbres, quoique infiniment moins gros que le géant dont ils marquent la circonférence. Cette circonférence, mesurée en dehors des protubérances, serait même de cent quatre-vingts pieds. Les maîtresses branches, bien que vigoureuses et de grande dimension, ayant perdu leurs extrémités, la masse du feuillage n'est point en rapport avec le tronc. — Dans le voisinage, à la distance de quatre cents pas, il y a d'autres individus de la même famille gigantesque.

Il n'est point de voyageur qui, venant en Sicile, ne s'occupe d'abord de visiter l'Etna, et il n'en est point non plus qui en descende sans une impression mêlée de terreur et d'admiration dont le souvenir ne s'efface jamais de son âme. Au reste, disons encore ceci, du temps d'Homère, mille ans avant Jésus-Christ, l'Etna était un volcan éteint, comme on en voit aujourd'hui à Pouzzoles en Italie, en Auvergne et près de Toulon en France, et ailleurs encore. Ce ne fut que postérieurement que les éruptions désolèrent la Sicile.

Le philosophe Empédocle (444 ans avant Jésus-Christ) passe pour s'être précipité dans le cratère afin de cacher sa mort et d'être honoré comme un dieu ; on ajoute que la montagne, rejetant ses sandales, démasqua sa vanité. Il est beaucoup plus à croire, si ce récit est fondé, que ce savant périt victime de son amour pour la science, ainsi qu'il est arrivé depuis à un autre savant du xvie siècle.

II

Catane

Cette importante ville , la troisième de la Sicile , est située au
pied de l'Etna , où elle forme un port riche et florissant. Passant
de désastres en désastres, plusieurs fois ensevelie par les éruptions
du volcan , Catane est parvenue au xxvie siècle de son existence,
conservant toujours son nom et sa place. Ce n'est pas sans admiration que l'on voit cette cité , si souvent victime de la fureur des
hommes et des feux de l'Etna, soutenir avec courage cette lutte
continuelle , et , nouveau phénix , renaître de ses cendres plus
belle que jamais. Rivalisant aujourd'hui avec Palerme et Messine,
elle présente , dans l'uniformité de ses édifices modernes , dans
l'ensemble de ses rues larges et alignées, l'aspect régulier des nouvelles villes de l'Allemagne , sous le plus beau ciel du monde. Où
chercher les causes de cette existence indestructible, si ce n'est dans
les deux plus grands principes de la vie matérielle des nations,
l'amour du territoire et l'amour de l'industrie , sentiments plus
profondément gravés dans l'âme du Catanais que dans celle des
autres Siciliens? Les tissages de soie , les manufactures de lin,
les établissements pour blanchir la cire , pour bouillir le jus de
réglisse , pour presser l'huile , etc., sont considérables à Catane.

La route de Messine à Catane réunit tout ce que la nature peut
offrir de plus riche et de plus varié pour l'œil du pèlerin. Située
sous le même degré que Tunis, elle échappe à l'aridité de l'Afrique
par le vent de mer et le voisinage de montagnes. Sur la gauche
elle côtoie sans cesse le rivage , et à droite elle est coupée par des

CATANE

torrents. D'un côté on voit la ville de Reggio sur la pointe de la
botte italienne, et de l'autre la tête blanche de l'Etna. Les orangers donnent une ombre noire que le soleil ne perce jamais., et
répandent au loin une odeur délicieuse. Les chênes verts, les
tulipiers, les myrthes et les catalpas ¹, qui semblent vulgaires aux
gens du pays, ont pour l'étranger un air de luxe qui change les
bois en jardins et en parcs. Le chemin est entièrement bordé par
ces énormes cactus qui portent la figue d'Inde et qui ressemblent
plutôt à des excroissances qu'à des plantes. Ces cactus poussent
dans la pierre, sur les murailles, au milieu de la lave; il ne leur
faut que de la chaleur; et, comme ils en ont de reste, ils se multiplient et produisent sans culture. Les plus grands ont jusqu'à
douze pieds de hauteur. Ils entremêlent leurs énormes raquettes
en formant des grouppes bizarres, tantôt rampant sur la terre
comme des serpents, tantôt dressés en l'air et tordus par des
convulsions. Souvent ils se rangent en bataille, et tout à coup ils
s'entassent par pelotons dans un espace étroit, où ils figurent une
mêlée grotesque. Aussi n'y a-t-il rien de caractéristique comme
une pareille route, on ne se croit plus en Europe. Et puis, pour
terminer le coup d'œil, on a devant soi, dans le lointain, ce géant
de l'Etna dont nous venons de parler et dont on distingue parfaitement les trois régions, celle de la culture, la région boisée et
la région neigeuse.

Catane possède un grand nombre de monuments; l'architecture
de ses maisons est uniforme, et la plupart ont deux étages et sont
ornées de colonnes et de pilastres. La place du marché, qui forme
un carré régulier, a des arcades supportées par des colonnes de
marbre; la place de la cathédrale est décorée d'un obélisque en

¹ Arbre de l'Amérique septentrionale, qui croît spontanément, recherché pour
la beauté et la richesse de ses fleurs; elles sont nombreuses, grandes, d'un
blanc pur, parsemées de pourpre et d'or et disposées en larges girandoles; les
feuilles sont en forme de cœur. Le catalpa est réellement magnifique quand il est
en fleurs, et sa beauté est d'autant plus remarquable qu'il se dispose de lui-même
en forme de pommier, ce qui produit une sphère immense de fleurs d'un blanc
pourpre et or au sommet d'un arbre très-rameux et qui peut s'élever jusqu'à
dix mètres.

granit égyptien et d'un éléphant taillé dans la lave, symbole très-ancien de la ville. Quant à la cathédrale elle-même, elle est la plus grande et la plus belle de toute la Sicile ; elle renferme les reliques de sa patronne sainte Agathe. Le musée a une célébrité bien méritée : c'est le prince de Bisari, riche Sicilien, qui l'a enrichi d'antiquités précieuses. Il dépensa, sur ses propres deniers, un million à faire des fouilles pour découvrir la ville des premiers siècles, et trouva, sous plusieurs couches alternatives de lave, à une grande profondeur, des portions du théâtre, de l'amphithéâtre et des murailles de la ville ; des bains, des temples, plusieurs statues, un éléphant de lave portant sur son dos un obélisque d'Egypte, des vases étrusques sans nombre. On voit, de plus, au musée de Catane, une collection des anciens habits siciliens, de ceux des femmes en particulier, des chemises brodées et des falbalas du moyen âge, des souliers de bal qui datent de Roger le Normand et dont les semelles épaisses feraient penser que le climat de la Sicile était alors fort humide ou que les dames étaient bien sujettes à s'enrhumer.

Catane est la ville savante de l'île ; son université attire toute la jeune noblesse, qui y reçoit une éducation convenable et même distinguée, dont plus tard elle n'a aucune occasion de donner des preuves. La bibliothèque, qui contient soixante-dix mille volumes, s'accroît chaque année, et la collection de médailles est très-riche. De nombreux états indépendants, surtout avant les Romains, divisaient autrefois la Sicile : c'étaient la plupart des républiques toujours ennemies. Chacune d'elles aspirait à perpétuer la mémoire d'événements qui, à la distance de vingt siècles, peuvent nous paraître assez insignifiants, mais qui étaient pour elle de la plus grande importance. Au lieu d'écrire des livres, l'on frappait des médailles, c'était l'histoire de ces temps là, et la science s'occupe aujourd'hui à rechercher, pour les réunir, ces intéressants feuillets de bronze. Plus tard, des guerres fréquentes, et surtout d'affreux tremblements de terre, dispersaient, ensevelissait ces médailles, dont la source ne paraît pas devoir se tarir de si tôt. On croirait, dit M. Simond, que c'est une production annuelle du sol sicilien.

Elles sont, en général, exécutées avec beaucoup d'art, et leur ins-
pection montre assez que ces républiques étaient parvenues à un
haut dégré de civilisation. Partout, en Sicile, on retrouve les
souvenirs antiques à côté des monuments modernes, et il est triste
de dire que ce qui reste de l'antiquité surpasse de beaucoup ces
derniers.

Bellini, fameux compositeur, auteur de la *Somnanbule*, des
Puritains, etc., était né à Catane au commencement de ce siècle.

CATHÉDRALE DE PALERME (Voir p. 190.)

III

Palerme

La capitale de la Sicile, où l'on jouit d'une chaleur beaucoup
plus grande que sur le littoral de l'est, compte cent soixante-dix
mille habitants, resserrés dans une surface tout au plus égale au
huitième de Paris. On peut s'imaginer combien cette population
doit être bruyante et confuse ; aussi ne s'entend-on pas dans les
rues principales. Nos rues de Saint-Denis, de Saint-Martin, de la
Verrerie, ne donnent de ce tumulte qu'une idée imparfaite, car
au moins, à Paris, les gens qui cheminent à pied ne font pas de
bruit, tandis qu'à Naples et à Palerme ce sont justement ceux-là
qui en font davantage. Le Sicilien, comme le Napolitain, parle
autant avec ses mains et avec tout son corps qu'avec sa langue.
L'exagération est un besoin pour lui ; pour vous dire la chose la
plus simple du monde, il choisira le terme le plus emphatique et
le geste le plus violent. Cinq cent mille de ces gens-là, dans leurs
grandes villes, valent bien, pour les cris et le tumulte, deux
millions d'hommes. Si tous leurs mouvements avaient un but, il
ne leur faudrait plus que le point d'appui demandé par Archimède
pour soulever le globe terrestre. En entrant dans la rue de Tolède
à Naples ou dans celle du Corso à Palerme, vous ne voyez que des
bouches ouvertes, des yeux animés, des chevaux au galop. On est
toujours pressé. On court de toutes ses forces pour aller prendre
une glace, pour demander le journal et lire la feuille des arrivées
et des départs de vaisseaux, pour regarder les affiches, pour mettre
un terne à la loterie qui ne se tirera que le samedi suivant. Les

fiacres, qui ne sont pas assujettis comme chez nous à des stations, circulent partout à vide et vous persécutent de leurs offres de services. Le passant qui prend une de ces calèches errantes, s'y élance d'un bond, comme si l'ennemi le poursuivait; le cocher fouette et se dépêche de mener son homme pour en chercher un autre. Les pauvres chevaux jouent des jambes, sans rien comprendre à cette fureur d'aller vite. La dalle résonne comme le tonnerre. Les charrettes elles-mêmes vont à bride abattue, comme si la paille qu'elles portent devait sauver la vie à quelqu'un. Les cochers, une fois qu'ils ont mis leur conscience à l'aise en disant *Guarda! Gare!* poussent en avant sans rien écouter, pressant contre la muraille des groupes de quinze personnes ou renversant les chaises des bonnes gens qui prennent le frais et qui de leur côté voudraient occuper la rue tout entière. Au milieu de ce mouvement, tout s'arrange pour le mieux, et en somme il arrive peu d'accidents. Ce bon peuple rit, chante et dort bien.

Il danse! c'est son grand plaisir, mais non point dans des appartements, sous des lustres couverts de bougies, avec un orchestre chèrement payé et souvent despote; il danse en plein air, le soir, à la brise de mer, sous le feu des étoiles du ciel, en présence des passants; il danse sa fameuse tarentelle, si bien décrite par l'un des écrivains que nous avons cités plus haut :

« La tarentelle est une merveilleuse danse et la plus commode que je connaisse, pourvu qu'on ait le musicien, et encore à la rigueur on peut chanter ou siffler l'air soi-même. Elle se danse seul, à deux, à quatre, à huit, et indéfiniment si l'on veut, homme à homme, femme à femme, qu'on se connaisse ou qu'on ne se connaisse pas : la chose n'y fait rien, à ce qu'il paraît, et ne semble nullement inquiéter les danseurs. Quand un des spectateurs a envie de danser à son tour, il sort du cercle des assistants, entre dans l'espace réservé au ballet, saute alternativement sur un pied et sur un autre, jusqu'à ce qu'une autre personne se détache et se mette à sauter vis-à-vis de lui. Si le partner tarde et que le monologue ennuie l'acteur, il s'approche en mesure du couple qui danse déjà, donne un coup de coude à l'homme ou à la femme qui danse depuis le plus longtemps, l'envoie se reposer et prend sa place. Il est vrai de dire aussi que les Siciliens apprécient tous les avantages d'une gigue si indépendante : la tarentelle est une véritable maladie chez eux. Chacun sautille à qui mieux mieux, et il n'y avait pas jusqu'au fils de notre capitaine qui ne se trémoussât en face d'une espèce de géant, qui n'offrait d'autre différence avec les cyclopes, dont il me paraissait descendre en droite ligne, que l'accident qui lui avait donné deux yeux. Quant à la musique qui donnait le branle à toute cette population, elle n'était pas, comme chez nous, réunie sur un seul point, mais disséminée au contraire sur les bords du lac ; l'orchestre se composait en général de deux musiciens, l'un jouant de la flûte et l'autre d'une espèce de mandoline. Ces deux instruments réunis formaient une mélodie assez semblable à celle qui chez nous a le privilége de faire exclusivement danser les chiens et les ours. Les musiciens étaient mobiles et cherchaient la pratique au lieu de l'attendre. Lorsqu'ils avaient épuisé les forces du groupe qui les entourait, et que la recette, abandonnée à la généreuse appréciation du public, était épuisée, ils se mettaient en marche, jouant l'air éternel, et ils n'avaient pas fait vingt pas que sur leur passage un autre groupe se formait et les forçait de faire une nouvelle halte chorégraphique. »

Deux principales rues traversent Palerme dans toute son étendue, de la même façon qu'à Messine ; leurs axes se coupent en angles droits presque au centre, et forment une place octogone, régulière et décorée de statues, de fontaines et d'autres ornements modernes. On voit dans la ville le château ou résidèrent successivement les émirs et les rois de Sicile. La chapelle du Palais-Royal est un des plus précieux monuments des arts au XIIe siècle : elle fut construite en 1130 par le comte Roger. Escalier de marbre blanc, mosaïques et peintures, granit et porphyre, toutes les richesses y sont accumulées ; les richesses du chœur sont revêtues d'incrustations en pierres dures, du plus grand prix. Aucun temple chrétien, dit-on, même Saint-Pierre de Rome, ou Saint-Marc de Venise, ou Saint-Ambroise de Milan, ou la cathédrale de Tolède, ne renferme tant de richesses dans un si petit espace. C'est là que

PALAIS ROYAL A PALERME

s'est marié Louis-Philippe, qui a fait présent à la chapelle d'un ostensoir en vermeil orné de topazes, apporté par le prince de Joinville.

Au-dessous de ce lieu saint se trouve un autre oratoire, très-révéré des Palermitains : une tradition rapporte que saint Pierre lui-même consacra une chapelle qui occupait cet emplacement; les Arabes eux-mêmes ont respecté cet asile sacré.

La cathédrale, commencée en 1170, est curieuse par son originalité : on y voit dominer l'ogive gothique, surmontée d'une tour également gothique et d'un dôme entièrement grec. Elle est de forme oblongue et terminée par un couronnement crénelé qui contribue à lui donner un caractère tout particulier. Le fini des détails est d'une délicatesse telle, qu'on croirait plutôt avoir sous les yeux l'œuvre d'un orfèvre que d'un sculpteur.

On visite, à une lieue de Palerme, le couvent des Capucins, qui est dans une situation ravissante. Un vaste souterrain y a reçu le nom de Catacombe. Toutes les murailles sont garnies de niches occupées par des cadavres desséchés, dont la peau et les muscles, contractés par le temps et collés sur les os, produisent des jeux de physionomie horribles. L'un paraît en proie à des douleurs atroces, l'autre accablé d'un sommeil agité; celui-ci semble rire, et celui-là d'une colère affreuse. Souvent ces corps, mal retenus, s'affaissent, se courbent et prennent cent postures grotesques repoussantes. Tous sont habillés. Les religieux sont rangés dans des espèces de guérites; les séculiers dans des cercueils dont les couvercles s'ouvrent à volonté.

Aux environs, il y a une habitation royale, *la Favorita*, bâtie dans le goût chinois. Tout un village, *la Bagaria*, se fait remarquer par ses maisons de plaisance. Là se voit le palais du prince Palagonia, dont la tête fêlée invente des monstres inouis pour une décoration du goût le plus dépravé. Jouissant d'une fortune immense, il en emploie une grande partie à faire exécuter en statues les images les plus extraordinaires qu'il aperçoit dans ses cauchemars. Il y a mille de ces statues, représentant toutes sortes de monstres, tels qu'un ours avec une tête d'âne, jouant du violon;

une dame à sa toilette, qui a la tête et la queue d'un cheval ;
plusieurs têtes au même corps, plusieurs corps à la même tête,
plusieurs têtes même à un seul cou, enfin tout ce qu'une imagination dérangée peut concevoir de ridicule et d'absurde. Les murs,
les planchers, les plafonds de l'intérieur, incrustés de marbres
variés, reproduisent des conceptions également monstrueuses ; le
tout entremêlé de grandes glaces qui multiplient les objets à l'in-
fini. Il y a, par exemple, une représentation de l'Adoration des
Mages, où ces rois d'Orient paraissent en habits de cour français.

Cette partie de la campagne est si belle, si bien peuplée,
si agréable, qu'on l'appelle *la Conca d'oro*, c'est-à-dire *la Coquille
d'or*, et on applique ce nom à Palerme elle-même, sans doute à
cause des nombreuses plantations d'orangers qui chargent l'atmosphère du parfum de leurs fleurs.

IV

Girgenti

C'est l'ancienne Agrigente, située au midi de l'île, en face de
Tripoli de Barbarie. Elle a même porté autrefois le nom d'*Acragas*,
puisque nous lisons dans Virgile (*Enéide*, liv. iiie, v. 703e) :
« La haute Acragas montre au loin ses vastes murailles ; elle pro-
duisait jadis de superbes chevaux. » Les chevaux d'Agrigente étaient
en effet très-renommés et remportèrent souvent le prix de la course
aux jeux olympiques. Un historien grec, Diodore de Sicile, dit
qu'on avait élevé des tombeaux à ceux qui s'étaient distingués
dans ces combats. Cette ville était alors une des plus belles et des
plus riches de la Sicile ; ses ruines attestent son ancienne splendeur.

Elle renfermait, au rapport du même Diodore, deux cent mille
habitants ; elle n'en a aujourd'hui que dix-huit mille. Son opulence
provenait autant de la fertilité de ses campagnes que de son immense commerce. Cette ville, qui s'étendait sur une colline dont la
ville moderne, bâtie sur le sommet, n'occupe plus guère que la
huitième partie, possédait une quantité prodigieuse de temples,
de statues, de tombeaux et de monuments de toute espèce. Elle
était bordée d'une longue suite d'édifices dont l'aspect devait être
aussi noble qu'imposant. De l'est à l'ouest, six temples s'élevaient
comme des remparts magnifiques : c'étaient ceux de Vulcain, de
Castor et Pollux, d'Hercule, de la Concorde, de Junon Lucine,
et, au milieu d'eux, le temple de Jupiter Olympien, que l'admiration de l'antiquité mettait en parallèle, pour la beauté et les pro-

portions colossales, avec le fameux temple de Diane à Ephèse. Il n'en reste plus aujourd'hui que quelques débris à la hauteur du sol; mais les statues gigantesques trouvées dans ses ruines lui ont fait donner le nom de Temple des géants, *Tempio dei Giganti.* Ici nous devons dire que, malgré ce nom pompeux, le temple des géants, l'un des plus vastes de l'antiquité, n'est absolument rien quand on le compare à nos temples chrétiens; et il ne faut pas aller chercher à Rome, à Cologne, à Séville, à Constantinople ou ailleurs, des objets de comparaison, car l'église même de la moderne Girgenti est plus grande. Ce qui est véritablement gigantesque dans ces anciens édifices n'est pas l'ensemble, ce sont les détails. Ici, la base des colonnes, ainsi que leurs chapiteaux doriques, ont *quatorze pieds et demi de diamètre*, et les cannelures seules cacheraient un homme dans leurs creux, tant elles sont larges et profondes. Ces colonnes étaient seulement en demi-relief sur le mur, qui est lui-même d'une énorme épaisseur. Sur l'un des frontons était sculpté le combat des géants, sur l'autre la prise de Troie. L'intérieur était partagé en trois nefs, dont les murailles étaient décorés de pilastres surmontés de figures de vingt pieds de hauteur, qui supportaient sa toiture. La statue colossale de Jupiter Olympien occupait l'extrémité de la nef centrale.

Malgré le merveilleux de ces détails, le temple formait un ensemble petit et écrasé à côté de nos belles cathédrales. Pourquoi cela? C'est que, si le génie de chaque homme se peint dans ses actions, le génie de chaque peuple se grave sur ses monuments. Or le génie religieux des nations païennes était borné comme leur culte, petit, étroit, exclusif : le christianisme, au contraire, qui embrasse le commencement et la fin, le temps et l'éternité, tous les hommes et tous les peuples, sans distinction de races ou de siècles, a créé des temples véritablement grandioses, auprès desquels les plus grands efforts du paganisme en ce genre, au sein même de la Rome des Césars, ne sont que des essais d'écoliers !

Au milieu d'Agrigente était le petit temple de Phalaris, son premier souverain, qui régna vers l'an 560 avant J.-C. On sait que ce monstre, sur de simples soupçons, condamnait ses sujets

aux supplices les plus cruels. C'est lui qui fit forger ce taureau
d'airain dans lequel on brûlait vif, mais à petit feu, la victime
que l'on y enfermait. Pérille, artiste athénien, auteur de cette
horrible invention, en fit l'essai le premier. Après lui, Phalaris
fit périr de la même manière un grand nombre d'Agrigentins;
mais enfin le peuple révolté le fit mourir par le même supplice,
après un règne de seize ans. Pourquoi un pareil scélérat reçut-il
les honneurs de l'apothéose? C'est ce qu'il est difficile d'expliquer,
à moins d'admettre, avec quelques écrivains, que toute cette histoire
est une fable, et que Phalaris fuc un bon prince, livré à la philosophie et auteur des belles et humaines lettres qu'on lui attribue
sans beaucoup de preuves.

On possède une grande quantité de médailles ou monnaies antiques d'Agrigente, en argent; elles valent de 6 à 40 francs, les
médaillons de 200 à 300 francs. Elles ont presque toutes pour
type ou pour symbole un crabe, probablement par allusion au nom
ancien d'*Acragas*. En quelque endroit que l'on creuse, on trouve
des murs, des mosaïques, des marbres.

Quant à l'étendue de la ville, elle est déterminée par ses murailles, ou plutôt par le rocher taillé en forme de muraille qui
l'environne. Ces murailles, d'une seule pièce, auraient duré à
jamais, sans les innombrables tombes creusées dans leur épaisseur
pour les grands hommes d'Agrigente et qui les avaient trop affai-
blies.

V

Syracuse

Elle a compté, dans ses beaux jours, sept cent mille habitants; elle a été la reine de la Sicile! Sa situation montagneuse, ses fortifications, la commodité de son double port, la richesse de ses habitants, l'avaient rendue une des plus belles et des plus puissantes villes grecques. Elle était composée de cinq quartiers qui formaient comme autant de villes séparément fortifiées et réunies par une bonne muraille flanquée de tours d'espace en espace. Le géographe Strabon, qui vivait du temps d'Auguste, donne à cette enceinte environ cent quatre-vingts stades, ce qui fait près de sept lieues et demie.

Mais peu de villes présentent moins de vestiges de leur grandeur passée. A cela près du théâtre, de l'amphithéâtre et d'un petit nombre de colonnes bien frustes, ses ruines ne sont plus que poussière; les fragments même ont disparu. C'est dans le fond de la terre qu'il faut chercher les restes de la vieille cité, des aqueducs souterrains, souvent à trois étages. Ce qu'il y a de plus curieux à y visiter, ce sont les latomies ou carrières, dont parle Cicéron, qui les avait visitées : « admirable ouvrage, profondeurs immenses creusées dans le rocher par des bras innombrables. » Elles avaient été transformées en prison par Denys le Tyran, qui venait écouter à une ouverture les aveux ou les plaintes que la douleur arrachait à ses victimes, et qui se délectait de leurs soupirs.

Cette célèbre prison n'est pas bâtie, mais creusée dans le tuf : c'était probablement une carrière qui, se trouvant avoir une forme

SYRACUSE

propre à répéter les sons, fut employée par le tyran à l'usage que
nous venons de dire. Elle est étroite, élevée, et a sa sommité terminée angulairement. Quand un étranger se présente pour la visiter, le guide emporte avec lui plusieurs pièces d'artifice, et quand
on y met le feu, l'explosion produit un effet prodigieux. Le son des
voix est également multiplié et prolongé d'une manière extraordinaire. Mais l'objet principal de la curiosité est le petit trou par
lequel Denys, en y appliquant son oreille, surprenait les secrets
de ses prisonniers : ce petit trou tyrannique est à une hauteur
inaccessible d'en bas. Les curieux s'y font quelquefois descendre,
au moyen de cordes, de la montagne qui est au-dessus.

Le fameux théâtre de Syracuse est une autre carrière, mais à
fleur de terre, laquelle, se trouvant présenter des difficultés par
cet objet, fut taillée dans la forme semi-circulaire en gradins
divisés en plusieurs séries, chacun d'eux haut de plus d'un pied,
large de trois, et un peu relevé sur le devant. Il y a aussi un amphithéâtre taillé dans le roc, plus petit en proportion que le
théâtre, ce qui semblerait marquer la différence des mœurs entre
les Grecs et les Romains, les premiers donnant la préférence aux
amusements où l'esprit a quelque part, ceux-ci aux spectacles sanguinaires qui produisent des émotions de fait et non d'imagination.
Les serpents fourmillent dans ces lieux ; quand on va, le jour
ou la nuit, dans ces ruines si intéressantes pour le touriste, ces
reptiles, dérangés plutôt qu'effrayés, glissent doucement sous
l'herbe parmi les pierres, et l'on aperçoit aisément et avec horreur leurs corps ondoyants et lustrés.

Les maisons de l'antique Syracuse ont entièrement disparu ; mais
ses tombeaux subsistent encore, étant creusés dans le roc même.
C'est encore ici une carrière à fleur de terre, exploitée en forme
de rue, et dont les tombeaux occupent les deux côtés. La façade
de ces tombeaux est souvent décorée de colonnes engagées dans le
rocher ; mais les ornements extérieurs sont en général fort dégradés
par le temps. C'est dans un de ces tombeaux que le corps d'Archimède avait été déposé. Un banc toujours taillé dans le roc
occupe trois des côtés de l'intérieur, qui a douze ou quinze pieds

en carré ; le plancher, encore de roc, semble porter les traces des pas de ceux qui y ont marché, ce qui montre que les Syracusains n'oubliaient pas les amis qu'ils avaient perdus, ou que peut-être ils avaient institué en l'honneur de ce génie, l'honneur de leur cité, une fête où ils se réunissaient auprès de ses cendres.

Archimède a été le plus célèbre des géomètres anciens. Il était né à Syracuse l'an 237 avant J.-C., de parents alliés à la famille royale d'Hiéron. Il resta constamment étranger, malgré sa haute naissance, à toutes les charges publiques. C'était un de ces hommes supérieurs que les siècles ne produisent qu'à de longs intervalles, capables de descendre seuls et sans guide dans les dernières profondeurs de la science. Ses découvertes dans les mathématiques, dans la mécanique et en physique, servent encore de règle dans nos écoles. On le regarde même comme l'inventeur de la mécanique, qui est la connaissance et l'application des lois du mouvement, et de l'hydrostatique, partie de la mécanique qui considère la pesanteur des liquides. On lui doit aussi l'invention de la vis qui porte son nom : cette vis, la plus ingénieuse de toutes les machines que nous tenons des anciens, sert à élever l'eau et principalement à faire des épuisements. Le roi Gélon lui ayant demandé s'il est possible de compter les grains de sable dont se compose le globe terrestre, il composa à ce sujet un livre que nous possédons encore, intitulé *l'Arénaire* (*arena*, sable), où non-seulement il résout la question, mais où il calcule encore combien il faudrait de ces grains de sable pour remplir une sphère dont le rayon s'étendrait depuis le centre de la terre jusqu'aux étoiles. Il découvrit qu'un corps plongé dans un liquide perd de son poids une portion égale à celle du volume qu'il déplace. Ce fut au moyen de ce principe qu'il détermina d'une manière précise la quantité d'or et d'argent qui était entrée dans la couronne du roi Hiéron, père de Gélon, et la quantité d'alliage mêlée en fraude à ces deux métaux précieux : ce fut en plongeant alternativement dans l'eau la couronne royale et une couronne d'or pur, et en comparant leur poids respectif par le volume d'eau déplacé par chacune. Il était au bain public lorsqu'il trouva la solution du

problème , et , dans l'enthousiasme que lui causa sa découverte ,
il sortit dans la rue, sans prendre le temps de s'habiller, en criant :
« Je l'ai trouvé ! je l'ai trouvé ! »

Lorsque les troupes romaines, sous les ordres du consul Marcellus, faisaient le siége de Syracuse, Archimède déploya , pour la
défense de la ville , toutes les ressources de son art. Par ses
machines il faisait tomber sur les Romains de lourds projectiles ,
ou bien il accrochait leurs galères , les enlevait et les brisait
ensuite contre les rochers. Personne n'ignore qu'avec des miroirs
ardents il parvint à brûler la flotte ennemie. On a longtemps
douté de la possibilité de ce fait : Buffon l'a démontré par la
meilleure de toutes les démonstrations , des faits incontestables. Il
construisit un miroir concave , composé de cent vingt-huit miroirs
plans diversement inclinés, de manière à ce que les rayons réfléchis
de ces cent vingt-huit miroirs se réunissent à un foyer commun ,
et, à la distance de cent cinquante à deux cents pieds, il en-
flamma du bois. Avec un second miroir de deux cent vingt et une
pièces, il fondit, à cinquante pieds, des assiettes d'argent.

Cependant, la contenance de Marcellus ayant triomphé de tous
les obstacles , Syracuse fut emportée d'assaut. Il avait ordonné
d'épargner Archimède ; malheureusement ses ordres furent mal
exécutés. Un soldat , rencontrant le savant mathématicien sur le
bord de la mer, occupé à tracer des figures sur le sable , le tua
sans le connaître. Archimède était alors âgé de soixante-quinze
ans. Marcellus lui fit ériger le mausolée dont nous avons parlé et
où , suivant le désir qu'il en avait montré de son vivant, on grava
une sphère dans un cylindre. Cette tombe , longtemps perdue ,
fut retrouvée et restaurée environ cent cinquante ans après, pendant
que Cicéron était questeur en Sicile.

Les traces de l'antique cité sont si incertaines, qu'on ne peut
en assigner exactement la situation ni les limites, et l'on convient
à Syracuse qu'il faut les yeux de la foi pour les reconnaître, les
matériaux ayant servi à bâtir Catane et Messine, où ils furent
transportés par mer. Le temple de Minerve , dans la moderne
Syracuse, n'a été conservé que parce qu'il fut transformé en église

chrétienne dès l'an 194. Il est, au reste, défiguré par un mur
dans lequel ses colonnes sont comme ensevelies, et par plusieurs
autres changements d'assez mauvais goût. Cette moderne Syracuse
n'occupe qu'un faubourg de l'ancienne, ou plutôt son port, étant
située dans une péninsule qui l'abrite. Il y a, dans le voisinage, des
figuiers énormes, dont l'ombre impénétrable couvre une surface
de cent vingt à cent trente pieds en diamètre.

L'origine de cette ville est marquée dans Thucydide. Il nous
apprend que ce fut un Corynthien, Archias, qui fonda Syracuse.
Averti par l'oracle de Delphes de choisir la santé ou les richesses,
Archias préféra les richesses et passa en Sicile. Aussi, ajoute
l'historien grec, les habitants de Syracuse devinrent-ils si opu-
lents, que quand on parlait d'un homme extrêmement riche on
disait, en manière de proverbe, qu'il ne possédait pas la dixième
partie du bien d'un habitant de Syracuse. La fertilité du pays et
la commodité de ses ports furent les sources de l'accroissement de
cette ville, dont les citoyens, quoique soumis eux-mêmes à des
tyrans, devenaient les maîtres des autres peuples ; et, lorsqu'ils
eurent recouvré leur liberté, ils délivrèrent les autres nations du
joug des barbares. De là vient que les Syracusains furent tantôt
appelés les *princes*, tantôt les *rois*, tantôt les *tyrans* de la Sicile.
Plutarque et Tite-Live remarquent qu'après que les Romains, sous
la conduite de Marcellus, eurent pris Syracuse, ils y trouvèrent
autant de richesses que dans la ville de Carthage.

La description que fait Cicéron de cette ville, dans son discours
contre Verrès, mérite que nous en citions quelques passages.

« On vous a souvent rapporté, dit-il, que Syracuse est la plus
grande et la plus belle des villes grecques : tout ce qu'on en publie
est vrai. Elle est dans une situation également forte et agréable ;
on y peut aborder de toutes parts, soit par terre, soit par mer : elle
a des ports comme renfermés dans ses murailles, pour ainsi dire
sous ses yeux, et ces ports, qui ont des entrées différentes, ont
une issue commune où ils se joignent ensemble.... Cette ville est
si vaste qu'on peut la dire composée de quatre grandes villes, dont
l'une est celle que j'ai dit être appelée *l'île*, qui, ceinte de deux

ports, s'avance à l'entrée de l'un et de l'autre. On y voit le palais où logeait le roi Hiéron et dont se servent les préteurs. Il y a dans cette ville plusieurs temples ; mais deux surtout l'emportent sur les autres, savoir celui de Diane et celui de Minerve. A l'extrémité de cette île est une fontaine d'eau douce, appelée Aréthuse, d'une grandeur surprenante, abondante en poissons, et qui serait couverte des eaux de la mer, sans une muraille ou une digue de pierre qui l'en garantit.... Dans la seconde ville, il y a une place publique d'une très-grande étendue, de très-beaux portiques, un prytanée très-orné, un très-grand édifice où l'on s'assemble pour traiter des affaires publiques, et un fort beau temple de Jupiter Olympien.... »

La fontaine d'Aréthuse, dont il ne reste plus qu'un vestige sans intérêt, avait donné lieu à une supposition singulière des poëtes. Ils disaient que le fleuve Alphée, qui coulait dans le Péloponèse, conduisait ses eaux à travers ou sous les flots de la mer, sans jamais s'y mêler, jusqu'à la fontaine d'Aréthuse. C'est ce que dit Virgile lui-même, dans sa **x**ᵉ églogue :

> Extremum hunc, Arethusa, mihi concede laborem.
> Sic tibi, cum fluctus subterlabere sicanos,
> Doris amara suam non intermisceat undam !

Pour donner une simple idée de la puissance de Syracuse avant qu'elle fût conquise par les Romains, nous rappellerons que sous Denis le Jeune, en 368 avant J.-C., la ville possédait quatre cents vaisseaux ou galères, cent mille hommes de pied et dix mille chevaux.

Après la conquête des Romains, ce peuple, si passionné autrefois pour les sciences, qui avait fourni au monde des hommes illustres en toute espèce de littérature ; ces hommes si passionnés pour la belle poésie, que dans la déroute des Athéniens ils accordaient la vie à celui qui pouvait leur réciter les vers d'Euripide ; ces mêmes hommes tombèrent dans une profonde ignorance, soit par une révolution qui n'est que trop naturelle aux choses du monde, soit que le changement arrivé plusieurs fois dans le gouvernement en eût apporté dans l'éducation des hommes et dans les manières de penser. Au reste, Syracuse, sous la domination romaine, conserva sa liberté, ses priviléges et ses lois. Elle continua à être la capitale de toute la Sicile, jusqu'en 878, qu'elle fut prise et ruinée par les Sarrasins. Depuis, elle est devenue une ville toute secondaire, au caractère triste et à l'aspect pauvre et délabré. On continue cependant de la visiter de tous les points de l'Europe.

Archimède n'est pas le seul homme célèbre dont Syracuse soit la patrie. Epicharme, poëte philosophe; l'orateur Lycias, qui aida Thrasybule à chasser d'Athènes les trente tyrans spartiates; Moschus, poëte lyrique; Théocrite, poëte bucolique, et l'historien Philiste, naquirent dans cette ville. Parmi ses rois, tyrans ou chefs, nous remarquerons Gélon (484), Denys l'Ancien (405), Denys le Jeune (368), réduit à la condition de maître d'école à Corinthe, et surtout Agathocle (317), qui, fils d'un potier, s'éleva du rang de simple soldat à celui de général, et se rendit maître de Syracuse et de toute la Sicile; il fit avec succès la guerre aux Carthaginois et alla les attaquer jusqu'en Afrique.

VI

Messine

Nous avons déjà parlé assez longuement de cette ville. Bornons-
nous ici à transcrire les impressions qu'elle a causées à plusieurs
voyageurs, et aussi quelques mots de son histoire.

Jusqu'au siècle dernier, Messine a disputé à Palerme le titre
de capitale de la Sicile. Pour faire droit à ses réclamations, le
vice-roi venait résider chaque année six mois dans ses murs. Son
nom, qui fut Zancle primitivement, lui vient des Grecs messéniens,
chassés du Péloponèse et appelés en Sicile par Anaxilas, tyran
de Rhegium, 500 ans avant J.-C. Deux siècles après, les Mamer-
tins, habitants de la Campanie (Naples), espèces d'aventuriers
qui se mettaient à la solde de qui les payait davantage, retournant
dans leur pays après avoir été congédiés par le tyran de Syracuse
Agathocle, entrèrent par trahison dans Messine, tuèrent une partie
des habitants, chassèrent les autres et s'emparèrent de tout ce qui
leur appartenait. Ces brigands se rendirent redoutables aux Carthaginois et aux Syracusains ; mais ces derniers leur firent payer
cher leurs incursions, en sorte qu'ils se jetèrent entre les bras les
uns des Carthaginois, les autres des Romains ; ce fut le sujet de
la première guerre punique. Les Romains, vainqueurs, firent de
la Sicile une province romaine, et Messine fut une de leurs villes
privilégiées. Elles eut ses évêques dès les premiers siècles, et suivit
la fortune du reste de la Sicile jusqu'au ix° siècle. A cette époque,
un des grands de l'île, Euphème, craignant les armes de l'empereur de Constantinople, contre lequel il s'était révolté, appela

les Sarrasins en Sicile. Nous avons vu comment les Normands délivrèrent l'île, et toute la suite de son histoire jusqu'à nos jours. Nous ferons seulement remarquer que c'est par Messine que commença la guerre. C'est encore à Messine que Charles d'Anjou vint demander compte des *Vêpres siciliennes;* il assiégea la ville et refusa toute condition; Charles fut vaincu, et sa flotte détruite par la flotte aragonaise. En 1672, ce furent encore les Messinais qui secouèrent le joug de l'Espagne et se donnèrent à Louis XIV. En 1848, Messine commença l'insurrection, et c'est à elle aussi que le général Filangieri est venu en demander compte au nom du roi Ferdinand II.

Parmi les personnages remarquables qu'elle a reçus dans ses murs, il faut placer au premier rang Charlemagne, qui en fut chassé par un tremblement de terre.

« C'est l'Odyssée à la main qu'il faut traverser le détroit de Messine; c'est là qu'il faut lire Homère, qu'il faut comparer ses tableaux à cette nature qu'il a si bien peinte, qu'elle semble se réfléchir dans ses vers comme ses coteaux fertiles dans l'onde qui les baigne de ses flots de saphir, suivant l'expression du Dante. Les beautés du Bosphore peuvent seules être comparées à ce détroit. Si Messine était ornée de ces minarets, de ces kiosques, de cette architecture pittoresque qui donne tant de caractère à Constantinople, je ne doute pas qu'elle ne lui fût préférée. A mon entrée dans le détroit, le soleil s'approchant de l'horizon, les monts Pélore projetaient des ombres vigoureuses sur la moitié du canal, tandis que les côtes de la Calabre, inondées de flots d'une lumière brûlante, présentaient à travers l'atmosphère la plus pure toutes les richesses d'une végétation variée.

» Mais ce spectacle admirable, changeant sans cesse dans ses détails, dura trop peu; les courants rapides, qui donnent au détroit l'aspect d'un fleuve majestueux, nous eurent bientôt portés à l'entrée du port de Messine. *Nobile ed esemplare città di Messina!* Voyez avec quelle majesté elle se déploie sur les flancs du Pélore et sur les bords de cette belle mer! Regardez-la de ce port, le plus vaste et le plus sûr que la nature ait

DÔME DE MESSINE

creusé, ou de ces hauteurs qui la dominent du côté de l'Occident : partout elle présente un aspect aussi noble que riant ; partout elle paraît digne d'être la capitale non-seulement d'une province, mais d'un puissant empire. Une vaste étendue, des faubourgs, des campagnes fertiles, couvertes de maisons de plaisance, de villes magnifiques, embellissent ses environs. A l'intérieur, ses belles rues pavées de larges dalles de lave, ses places ornées de fontaines, de statues, ses monuments publics, ses palais, ses temples, son lazaret, son phare, ses fortifications, ses arsenaux, tout lui mérite le titre de métropole, qu'elle a plusieurs fois obtenu. »

Ecoutons un écrivain célèbre : Le lendemain nous nous éveillâmes avec le jour : ses premiers rayons nous montrèrent la reine du détroit, la seconde capitale de la Sicile, Messine-la-Noble, que sa situation merveilleuse, ses sept portes, ses cinq places, ses six fontaines, ses vingt-huit palais, ses quatre bibliothèques, ses deux théâtres, son port et son commerce qui imprime le mouvement à une population de 70,000 âmes, rendent, malgré la peste de 1742 et le terrible tremblement de terre de 1783, une des plus florissantes et des plus gracieuses cités du monde.... Peu de situations sont pareilles à celle de Messine, porte puissante de deux mers, par laquelle on ne peut passer de l'une à l'autre que sous son bon plaisir royal. Adossée à des coteaux merveilleusement accidentés, couverts de figuiers d'Inde, de grenadiers et de lauriers-roses, elle a en face d'elle la Calabre. Cependant, au milieu de cette splendeur, une chose singulière donnait un aspect étrange à la ville : toutes les maisons de la Marine (c'est ainsi que l'on nomme le quai qui sert en même temps de promenade) étaient uniformes de hauteur, et, comme les maisons de la rue Rivoli, bâties sur un même modèle, mais inachevées et élevées de deux étages seulement. Les colonnes, coupées à moitié, sont veuves du troisième, qui semble avoir été d'un bout à l'autre de la ville enlevé par un coup de sabre. On m'apprit que, le tremblement de terre de 1783 ayant abattu toute la ville, les familles ruinées par cet accident ne faisaient rebâtir que ce qui leur était strictement nécessaire, et que peu à peu, d'ici à cinquante autres années, la rue s'achèverait. »

La cathédrale de Messine, qui est grande et belle, possède un autel couvert du haut en bas de pierres étincelantes qui à la lumière des bougies le font paraître semblable à un soleil. Les colonnes qui soutiennent la voûte sont de granit, inégales en hauteur, différentes en diamètre et réunies entre elles par des arcades qui soutiennent des murs percés de croisées, et ensuite des combles dont les charpentes en relief sont encore peintes et dorés en certaines parties : c'étaient les colonnes d'un temple de Neptune, jadis placées au phare, et transportées à Messine, après la domination sarrasine, par les Normands. Quelques belles parties de mosaïques brillent encore à la voûte du chœur et dans les chapelles attenantes; le reste fut détruit dans un incendie, en 1232, ce qui fait remonter bien haut l'origine du monument. Les chanoines ont à Messine le droit de porter la mitre blanche, et sur les stalles du chœur ils ressemblent à un concile d'évêques.

En sortant de la cathédrale, on est frappé du coup d'œil de la place qui décore cette église. Bien qu'elle ne soit pas d'une forme régulière, la richesse de ses monuments en fait une des plus belles de cette ville et une des plus curieuses du monde. Il y a là aussi un palais d'une architecture moderne, érigé par le roi Ferdinand 1er, qui l'a destiné aux tribunaux et à la bibliothèque publique, comme l'indique l'élégant vers latin qu'on lit sur sa façade :

Illc Themidis lances, hic doctæ Palladis ædes.

Sur cette place on admire encore la fontaine appelée Fontaine du Dôme ou de la Cathédrale[1]. Charmante création du vie siècle, elle réunit le sentiment gothique à la suavité grecque. Sur sa pointe la plus élevée paraît Zancle, fondateur de la ville, contemporain d'Orion et de tous les héros des époques fabuleuses. Derrière lui, un chien, symbole de la fidélité, lève la tête et le regarde. Cette

---

[1] *Dôme*, en italien, veut dire église, cathédrale, du latin *domus*. Ainsi le dôme de Milan, le dôme de Pise, etc.

figure est soutenue par un groupe de trois enfants adossés les uns
aux autres, dont les pieds trempent dans une barque supportée
elle-même par quatre femmes, entre lesquelles des têtes de dau-
phins lancent des jets d'eau qui retombent dans une barque plus
grande encore, et de là enfin dans un bassin gardé par des lions,
entouré par des dieux marins et orné de sculptures représentant
les principales scènes mythologiques.

Nous ne dirons rien du grand et superbe hôpital du Midi, qui
a souffert énormément dans le dernier bombardement, ni du jardin
petit mais délicieux, appelé *la Flora*, qui offre un but de charmante promenade.

C'est surtout aux environs de Messine que l'on trouve matière aux
meilleures excursions. Je ne sache rien au monde qui vaille en
ce genre ce qu'on appelle l'ermitage de Trapani, dans la chapelle
duquel dort un de nos consuls français du temps de Louis xiv.
Suivons encore M. Dumas à un petit village, celui de la Pace
(village de la Paix), sur la route du Phare:

« .... Je m'engageai dans un sentier. A mesure que je montais,
le paysage, borné au sud par Messine et au nord par la pointe du
Phare, s'agrandissait devant moi, tandis qu'à l'est s'étendait,
comme un rideau tout bariolé de villages, de plaines, de forêts et
de montagnes, cette longue chaîne des Apennins qui, née derrière
Nice, traverse toute l'Italie et s'en va mourir à Reggio. Peu à peu
je commençai à dominer Messine, puis le Phare. Au delà de Messine apparaissait, comme une vaste nappe d'argent étendue au
soleil, la mer d'Ionie; au delà du Phare se déroulait, plus étroite
et comme un immense ruban d'azur moiré, la mer Tyrrhénienne;
à mes pieds j'avais le détroit, que j'embrassais dans toute sa longueur, dont le courant était sensible comme celui d'un fleuve, et
qui m'indiquait, par un bouillonnement parfaitement visible, ces
gouffres de Charybde, si redoutés des anciens. Je m'assis sous un
magnifique châtaignier, avec cette singulière sensation de l'homme
qui se trouve dans un pays qu'il a désiré longtemps parcourir, et
qui doute qu'il y soit réellement arrivé, et qui se demande si les
villages, les caps et les montagnes qu'il a sous les yeux sont réelle-

ment ceux dont il a si souvent entendu parler, et si c'est bien à eux surtout que s'appliquent tous ces noms poétiques, sonores, harmonieux, dont l'ont bercé dans sa jeunesse le grec et le latin, ces deux nourrices de l'esprit, sinon de l'âme. C'était bien moi, et j'étais bien en Sicile. Je voyais les mêmes lieux qu'avaient vus Ulysse et Enée et qu'avaient chantés Homère et Virgile. Ce village pittoresque près d'une roche élevée et surmontée d'un château fort, c'était Scylla, qui avait tant effrayé Anchise. Cette mer bouillonnant à mes pieds et qu'il avait fallu tant de siècles pour calmer, c'était le voile qui me couvrait l'implacable Charybde... Enfin j'étais adossé à ce fabuleux et gigantesque Etna, tombeau d'Encelade, qui touche le ciel de sa tête, lance des pierres brûlantes jusqu'aux étoiles et fait trembler la Sicile, lorsque le géant enseveli vivant dans son sein essaie de changer de côté. Seulement l'Etna, comme Charybde, était fort calme ; et de même que le gouffre, au lieu d'engloutir l'eau, de la rejeter au ciel toute souillée de son sable noir, il n'y a plus qu'une légère fumée qui annonce que le géant est endormi, qui prévient en même temps qu'il n'est pas mort.... Non loin est le lac de Pantana, isolé, bleu, clair, brillant comme un miroir, encadré à gauche par une rangée de maisons, à droite par une suite de montagnes qui empêchent cette jolie coupe de s'épancher dans le détroit.... »

Messine compte au nombre de ses plus illustres enfants le célèbre peintre Antonello, du XVe siècle. C'est Antonello qui enseigna le premier en Italie la manière de peindre les tableaux à l'huile. Le gouvernement de Venise le combla d'honneurs et de biens, voulant qu'il fût, sa vie durant, logé et entretenu aux frais de la république. Avec lui le plus noble des arts entrait dans sa voie la plus glorieuse et la plus ferme.

CONCLUSION

Puissante, riche et heureuse sous ses premiers conquérants grecs, et plus tard sous les princes normands qui l'érigèrent en royaume ; ruinée, écrasée, décimée par les invasions successives de dix peuples différents ; ne comptant plus depuis longtemps comme nation, et respirant à peine depuis plusieurs siècles : telle nous est apparue dans ces récits la belle et antique Sicile ! Elle n'est plus qu'une ombre insignifiante de ce qu'elle fut autrefois ; mais tous ses éléments lui restent : hommes, choses, situation géographique. Aucune province du Midi n'offre aujourd'hui de si nobles caractères d'hommes ; aucune n'est plus favorisée du Ciel sous le rapport du climat, de la fertilité, de la richesse du sol. Il nous paraît impossible que la Sicile n'ait pas une destinée brillante cachée sous les voiles de l'avenir.

Seulement, puisses-tu comprendre toujours, ô Sicile bien-aimée, que la vie est pour toi, aujourd'hui comme au temps de Roger et de Guillaume le Bon, dans la foi catholique ! N'écoute pas ces apôtres du protestantisme anglican qui parcourent tes campagnes en rejetant sur l'Eglise tous tes maux et en t'invitant à la maudire. L'apostasie à laquelle on te convie serait ta ruine éternelle devant les hommes autant que devant Dieu. Quand un peuple est tombé sous les pieds des barbares, l'histoire de l'Europe nous le dit assez, il se cramponne à la Croix, et bientôt on l'aperçoit radieux de jeunesse et plus fort de ses blessures. Ainsi de toi, ô belle Sicile! unie au Siége apostolique, tu revivras; séparée de lui, tu achèverais dans ta douleur ton obscure agonie!

« *Hæc omnia venerunt super nos, nec obliti sumus te, et iniquè non egimus in testamento tuo.* »

AGRIGENTE

TABLE

PREMIÈRE PARTIE

L'HISTOIRE

SECONDE PARTIE

RÉCITS ET LÉGENDES

TROISIÈME PARTIE

DESCRIPTIONS

Lille. Typ. J. Lefort. 1887